南懷瑾文化

瑜伽師地論

聲聞地講錄

上冊

南懷瑾 講述

出版說明

唐代的玄奘大師，對中華文化的貢獻盡人皆知。在他西行留學取經的過程中，最令世人震驚的，是他以超越的、不可思議的意志力，克服了種種的艱難困苦。

尤為奇特者，在玄奘大師攜回的諸多經典中，這本《瑜伽師地論》最為殊勝，因為那是印度一百多歲的戒賢大師，專為東土大唐的玄奘大師傳授的佛法精髓。

《瑜伽師地論》共分十七地，內容是從五趣雜居地，到天人之際，到聲聞地、緣覺地，直到十位菩薩地的五乘道。包括了從開始學佛修行，直到成佛的全部過程和方法。這也是公認為學佛修持首要必讀的典籍，不了解的話，則修法如瞎子摸象，難獲佛法的全貌。

唐貞觀二十二年（西元六四八年），《瑜伽師地論》翻譯完成。那是一千四百多年前的古文時代，玄奘大師的翻譯，又是由古印度文直譯的方式，文氣與中華文化的傳統習俗，頗有距離，故而令人有艱澀難懂之嘆。

一千多年來，講解這本論著的亦不乏人，但多以解釋文字為主，因為能夠真正講解《瑜伽師地論》的，必須具備下列的幾個條件：一、通曉佛法的真實義理；二、修法有證量，有果位；三、具備古文的學養基礎；四、具備上師教化的能力。

從玄奘大師時代到現在，學佛證果者有之，精通佛法義理者有之，古文練達者有之，具備上師教化能力者亦有之；但是集全部條件於一身者，據一般所知，迄未出現，也未聽說。

一九八〇年，台灣有一群學佛的幸運兒，有機緣聆聽南師懷瑾先生講解《瑜伽師地論》的課程。由於南師曾得禪宗大師袁煥仙先生的印證，並受貢噶呼圖克圖印證為密教各宗派的上師，所以肩負了傳法的重任。多年來，期待高明行者出台講授未果，後於十方書院的機緣，才開設這門課程。

此次的課程重點，是挑選聲聞地修定的部分，希望對真正修定的行者，有所幫助。所注重的，是聲聞乘出家眾的修證方面。為此之故，南師常以人我的實際經歷來加以說明，並配合義理講解。

在講課中最啟發學人之處，是警惕出家眾自我認識，以避免修持路上誤入歧途。修行人為什麼會入歧途？

曾有人說，認岔道為正道，就是入魔境，原因是不自知之故。但是為什麼不自知呢？原因是理不明之故。所以先要明理，才能認清歧路，捨歧路才可進入正途。《瑜伽師地論》的邏輯清晰，條理分明，列舉各種歧途岔路，指引行者，甚為可貴。

本書古印度文原來的敘述方式，是先說明內容，再逐項解釋，讀者不免會誤以為是重複；有時兩句中，只有一字之差，很容易被忽略，所以特別提醒讀者注意。又此次講課用書，係採用真善美出版社的版本。

這本書的原始講課錄音，先是張振熔為學習故，於每晚工餘後，辛勞努力，轉記成文字。宏忍師及編者等，逕相傳閱，深感其重要性，不出版太可惜，故而隨即開始整理工作，時在二〇一一年三月。

特別要說明的是，在南師審定這本書稿時，有增添，有刪減，也有修正。

因為講話常有口誤，又多重複且不太嚴謹。再者，耳識與眼識接受資訊的效果是非常不同的，所以把講演轉變為文字時，必須加以整理。更重要的是，必須經過原講人核訂認可，才不致有誤。

放眼網路，多年來，太多未經許可而將南師所講整理成文者，而且又廣為流通。其用心雖善，但對原講人毫無尊重，對文字內容亦不負責，實可悲可嘆之至。

編者在整理的過程中，幸得宏忍師協助，查對經典、參考資料等，且細心校對。另多次修改的草稿皆由彭敬打字，最後再經南師逐字逐句審定修正才得出版。又書中小標題為編者所加，書名則為南師所定。

劉雨虹 記

二〇一二年二月廟港

目錄

第二講 57

第三講 97

第五講　156

第八講　258

下冊

第十一講

身心都捨　才能修行
念念純善流注

第十二講

九種心住
拴住你的心　令心內住等住
真正的無記業　可怕的無記果
安住近住　更要調順
寂靜再寂靜
什麼是失念
專注　等持　任運
六種力達到心住
四個方法修九住心的定
四種方法修觀

第十五講

第十六講

第十七講

第十八講

第十九講

第二十講

上冊

第一講

關於這本書

今天開始，我們改變方向，來講有關教理方面的問題，首先要研究的就是《瑜伽師地論》。站在佛學的立場來講，一個真正學佛的人，有四本重要的佛學論著要讀。其中有兩部是印度的，就是《大智度論》和《瑜伽師地論》；兩部是中國的，就是智者大師的《摩訶止觀》，和永明壽禪師的《宗鏡錄》。近幾十年來所寫的許多佛學概論，都是概論的概論的概論了；可惜你們諸位現代青年，學佛學都從現代化的概論的概論入手，那是有問題的。所以，我們今天研究的佛學概論，就是玄奘法師翻譯的《瑜伽師地論》，共有一百卷之多。

我們如果以一般學術性的立場來講，佛學的學術思想可分成四個範圍。

所有的經典，分為大乘經典、小乘經典兩種。大乘的佛學思想，包括它的學術與修證，又分為兩個範圍，一個是龍樹菩薩的般若佛學系統，屬於釋迦牟尼佛涅槃以後的前期佛學；另一個是無著、世親兩兄弟菩薩的唯識法相的佛學系統，屬於後期的佛學。我們現在手裡拿到的《瑜伽師地論》，在學術的範圍屬於後期的佛學。如果以佛學嚴正的立場來講，也許可以說「後勝於前」，越是後面的越是精細周到，包羅的也越多。

像西藏密宗黃教宗喀巴大師的系統，就是《瑜伽師地論》的系統。宗喀巴大師有名的《菩提道次第廣論》，是依據印度阿底峽尊者的《菩提道炬論》加以擴充的著作；而《菩提道炬論》，就是從《瑜伽師地論》體系中來的。

無著、世親兩兄弟都是出家人，世親菩薩年輕時專攻小乘佛教的經典及修持，非常反對大乘佛教，後來受了哥哥無著的影響而學大乘。學了大乘以後悟道了，卻想自裁，因為慚愧懺悔自己小乘的著作太多，毀謗了大乘，這個罪業無法消滅，只有一死了之。無著菩薩對他說：你太沒有出息，一個人走路「因地而倒，因地而起」，你既然以筆毀謗大乘，你不會反過來以這支筆來弘揚大乘嗎？後來世親菩薩就再重新開始，造了唯識法相系統的論著。

他們兩兄弟約好，都發願往生欲界的兜率天，去親近彌勒菩薩。無著菩薩要涅槃了，弟弟世親就對他說：你往生那裡後，要給我一個消息；無著說：好，好，一定給你消息。無著涅槃後，世親不但打坐入定看不到哥哥，連夢也沒夢到過，一連三年都沒消息，心中有些懷疑了。又經過好幾年，無著菩薩現身了。「哥哥你究竟去哪裡了？」「我就在兜率內院啊！」「那你怎麼到現在才來呢？」「我剛剛到彌勒內院，彌勒菩薩正在說法，我在那裡聽了一下，心裡牽掛你，等彌勒菩薩講完，我就趕緊來告訴你了！」「人世間已經過了好幾年了啊。」「幾年嗎？我覺得只是一下而已」。

據說《瑜伽師地論》是彌勒菩薩講的，無著菩薩記錄的，屬於法相唯識部分。相傳無著菩薩夜裡入定，上到彌勒內院聽彌勒菩薩講法，白天出定把它記錄下來。後世一般學者不相信，說這是無著菩薩自己撰寫的，怕後人不相信，故意說是彌勒菩薩講的。我們後世的人，因為根本沒有得過定，也沒有出過定，連入定出定的影子都沒有，更不了解什麼是入定，所以不會相信。

瑜伽師　心瑜珈　五乘道

印度現在還有瑜珈學派，瑜珈有三種，身瑜珈、心瑜珈、音聲瑜珈。但印度只剩下身瑜珈，也就是身體方面的修練，菁華部分已經變成密宗的金剛亥母拳，一套有四十多式，是打坐起來打的拳。音聲瑜珈就是咒語，心瑜珈是心地法門，這兩種印度已經沒有了，只留傳在中國這一部《瑜伽師地論》中，所以《瑜伽師地論》是印度真正宗教的心瑜珈。現在這裡翻譯為「瑜伽」，不是「瑜珈」；瑜伽是修心瑜珈有所成就的人，所以稱為瑜伽師。就如中國人講的，修行人叫修道，修道成功的人叫作有道之士；修練瑜珈的人叫「瑜伽士」，修成就了的人叫「瑜伽師」。

什麼叫「地論」？地就是範圍，《瑜伽師地論》共分十七地，就是分成十七個範圍來說明。由人的生命講到物理、物質世界，整個宇宙；再講一個人如何修持身心，而證得這個無上的道。其中又分小乘、大乘的修持方法，一直到成佛，總共有一百卷。

玄奘法師以最大的功力翻譯這部書，所以研究唯識的叫這部書為「大論」，要想學佛，如果不了解《瑜伽師地論》的話，就好像是瞎子摸象，這樣亂搞是不行的。《瑜伽師地論》包括了一切修證，先從作人的人道修起，上去是天道，再上去聲聞道、緣覺道、菩薩道，這五乘道的修證，都包括在內。宗喀巴大師造的《菩提道次第廣論》也是講五乘道，五乘道才是真正的學佛之路。

所以要想學佛先學作人，人道沒有修好連天道的資格都不夠，哪裡能談修佛道！所以人天乘修好，才有資格修小乘道，有了小乘道的資格，才夠得上修菩薩道，才是大乘道。

中國唐宋以後的佛教、佛法，都說自己是大乘佛法，大個什麼？大的影子都沒有，只有牛吹得大。大是從小而來的，一點小善都做不到能夠做大善嗎？一個人小事情不肯犧牲，大事情會犧牲嗎？那只是吹牛罷了。說小錢捨不得花，要花一定花大錢，那也是吹牛給人家聽的。同樣道理，人乘道都沒有修好，就不要說學佛成佛了，絕不可能。所以《瑜伽師地論》嚴重告訴我們這個修持的道理。

《瑜伽師地論》有一百卷，專講這個書大概要五年的時間。或者每天兩個鐘頭，三年能不能講完還不知道。我也很想有時間詳細的發揮，當然也可以簡單的講，帶你們唸過去，那很快就講完了。

今天我們先選與你們相關的開始，剛好有位同學提出來，過去我曾給「大乘學舍」的同學講過一個題目：「為什麼你們修行打坐不能得定」，因為這個原因，先選卷二十〈**本地分中修所成地第十二**〉（五百零一至五百零二頁）這一段。

「云何世間一切種清淨。當知略有三種：一得三摩地、二三摩地圓滿、三三摩地自在。此中最初有二十種得三摩地所對治法，能令不得勝三摩地。何等二十」。

現在我們講這幾句的大意，就是說我們怎麼樣才能修持到心性、心地方面，一切種子清淨呢？如何在這個世間，起心動念的每個念頭都在清淨中呢？彌勒菩薩說，簡單的說有三種。也就是說，這三個條件做到了，才是「**世間一切種清淨**」。

哪三個條件呢？第一是「**得三摩地**」，就是定，沒有得定以前你想修行清淨，那是吹牛的。定分很多種，本論中說得很詳細。但是光得定還不行，第二要「**三摩地圓滿**」，這是進一步了，得到定的圓滿。如何是圓滿？這部經典裡都有。所以你們在家出家要學佛，不管顯教密宗，各種法門的修持原理，這一本經典裡都有了。第三是「**三摩地自在**」，定境界達到了圓滿，就會具足了六種神通。但是三摩地境界自在了沒有？沒有，因為那是最高境界。也就是說，要進入出世間定，就可以進入出世間定；要入世間定，就可以入世間定。換句話說，禪、淨、密，無一法不通，任何的境界都能夠「**三摩地自在**」。像你們現在在十一樓打坐，自在不自在啊？當然不自在，自己坐在這裡，說腿痠了叫它不痠，辦不到，所以很不自在，因為作不了主。所以真正的自在，拿現在世間法來講，除非成了佛，才能真自在。

「**此中最初有二十種得三摩地所對治法，能令不得勝三摩地**」。這是玄奘法師的翻譯，非常忠實，文章都是倒裝的句子。後世一般人學這種文章的很多，像熊十力就學得怪里怪氣的，然後大家都不懂，認為這個人學問好，因為他寫的文章看不懂。

這句話是說，不能入三摩地有二十種對治方法。為什麼你不能入定呢？心有病，有煩惱，醫治這個煩惱病的方法，叫作對治法。中國文字與外國文字的文法不同，外國人叫「先生南」，我們叫「南先生」，我們一聽先生南很彆扭，一聽南先生很順口，玄奘法師翻的方式都是「先生南」。

這二十種方法，如果搞不清楚，或搞反了，就永遠不能得到好的定境界。念佛也好，打坐也好，都不能入定。「**不得勝**」，就是不能得到最好的定境，所以要先認識清楚。

「**何等二十**」，哪二十種啊？玄奘法師的譯法忠實，這一句多問的話也加進來。中國人的文章喜歡簡化，外國人喜歡囉嗦；中國人喜歡歸納，外國人喜歡分析，各有各的長處與習慣。

無道伴　無明師　心散亂

「**一有不樂斷同梵行者為伴過失**」。

你看，一個人想修行成道多難啊！一看條件，第一就是修行同伴或同住的道友最難，尤其是出家眾——僧伽。在修道僧伽團體中有十個肯修行，如果有一個不修行，這一個就妨礙大家了。譬如我們這個團體，此時此地，這一秒鐘大家都很清淨，如果有一個神經病的在這裡大吼大叫的話，你們還清淨不清淨呢？當然不清淨了。所以修行第一是道伴難。

與那些不喜歡去斷世間的雜念、不樂意修梵行的人為伴，是「**為伴過失**」，一種過失。我要求清淨修行，可是他喜歡看小說，他看到好看的時候，「啪」一下，「哎呀！那個賈寶玉真妙」。這時你正好在打坐，坐到無念，或者你正在專心參話頭的時候，給他一拍，正好你也看過《紅樓夢》，接著也想到「賈寶玉」，就這樣妨礙了自己的修持。這是人事上的過失，不是犯戒律。

「**二伴雖有德，然能宣說修定方便師有過失，謂顛倒說修定方便**」。同伴的師兄弟，都有修行的好德性，結果碰到教人的師父沒有修定的方便方法，也沒有智慧，這老師指導得不對。

你們在座的諸位，辭親出家，都是為了求道而出家，結果到現在家是出了，但沒有入到法王家，為什麼？也許是同伴不合適的過失，也許是師父有顛倒的過失，所以沒有明師指導是很麻煩的。

「**三師雖有德，然於所說修定方便，其能聽者欲樂羸劣，心散亂故，不能領受過失**」。

有好同伴，明師也碰上了，但是老師給你說的修行修定的方法，你聽不進去，因為福德智慧不足，接受不了。「**欲樂羸劣**」就是不樂意，想求道的欲望心沒有。儘管是出家修行，或在家學佛，總是三天打魚兩天曬網，聽到有人講經時，每講必到，每到必睏。有時雖然聽了，但其心羸劣，沒有力量，聽了一輩子的經也沒有用。

永明壽禪師讀《法華經》時，一群羊都跪著來聽，但牠們還是羊。以前大陸上有位法師一上堂講經，牛就來堂邊一跪，經講完，牠就醒了，走了，但牠還是牛。這些話不是罵人，是要自己反省，你儘管學佛修行，但依然在散亂昏沉中，這樣不但沒有成就智慧，也沒有成就功德，沒得用。

所以你有了好的同伴，也有明師指導修定的方法，你又真能接受，真能依此而修才有用，如果是羸劣之心則無用。道心要如男女談戀愛一樣，硬要有把對方追到的決心，要這個樣子才能修行。也就是你要我修我也修，不要我修我也要修，這個心理堅強了，可以談修行了。如果每天心都在散亂中，當然不能得定。就算得了定也不過是世間成就，沒有超出世間，這個大家要知道。

只會聽　喜供養　不知足

「四其能聽者雖有樂欲，屬耳而聽，然暗鈍故，覺慧劣故，不能領受過失」。

第四種毛病是雖有同伴、有明師、也有道心，天天想修道，恨不得明天大徹大悟，後天就在虛空放光動地。雖有這個祈求，但是「**屬耳而聽**」，只是耳朵聽而已，沒有融會於心，右耳聽進來，左耳出去了，沒有真聽進去。問你這句話出於哪本經上，記得嗎？「哎唷！我忘了，老師對不起」。

為什麼只是耳聽，而心裡不能領受呢？因為你的智慧暗鈍，不明利，覺性的智慧、智能不夠，也是福德不夠。拜佛也不肯拜，唸經也不肯唸，認為這是小法，自認為是修大法的。所以上殿、過堂都不願學，一點小善也不肯做，看不起小法，說自己是讀書人。小善都不能做，何況大善呢？這就是心暗鈍，「**覺慧劣故**」。因此耳朵聽進去了，心不能領受。如果是利根智慧的，聽到善知識說法或看到經中一句話，汗毛就豎立起來了，所以一看經就開悟了，那是利根。

學佛那麼久，佛學院也上過了，自己要反省，為什麼自己智慧會暗鈍呢？由於福德不足之故。為什麼福德不足呢？因為一點善行都沒有，起心動念處處都犯過。這是彌勒菩薩罵你們的，不是我罵的，不要把帳記到我頭上，光說老師會罵人，我從來沒有罵過人啊！

「**五雖有智德，然是愛行多求利養恭敬過失**」。

看吧！一些研究世間法心理行為的同學，你聽了佛經有什麼好處啊？你將來當了領導，當了主管，管理大眾時，你就可以發現，有些人也有智慧聰明。「**智德**」是講智慧之德，智慧很高，但智慧高的人欲望就大。「**愛行多求利養恭敬**」就是喜歡追求利養恭敬，看看哪裡有好吃的，好穿的，多賺兩個錢吧！貪圖名聞利養，很可怕，與貪圖恭敬一樣的可怕。又要人家看得起我，心想「格老子，你看不起我，我還看不起你呢」。你們有沒有這個心理啊？（同學答：有。）那就有救了。不要說我們人，你看即使狗、貓這些動物，都有這個心理，你踢牠一腳，牠就叫，對你也起了敵意，生氣了。如果你逗牠一下，牠對你很友善，因為牠要人愛牠，就是恭敬牠。

所以我們要檢查自己。什麼叫恭敬呢？就是希望人家重視自己，大家叫這個是「自尊心」。哪裡需要什麼自尊心？我們需要的是謙虛的心，連「我」都空了，看得起我或看不起我都一樣，還要人家看得起才修行嗎？如果看不起你，你就自尊心受傷害，不修行了，那你就是混蛋，還學什麼佛？這就是犯了貪求恭敬的毛病。有些人說：自己不貪求利養，也不貪求恭敬，但有位居士來，對你恭敬頂禮，你表面上說：不要客氣，心裡還舒服得很，像冰淇淋吃到肚子裡，鑾涼快的呀！有這麼一點心理念頭就完了。所以有些人智慧不錯，講也會講，想也會想，也有一點所得，「**然是愛行多求利養恭敬**」，因此絕對不能得定，因為有這個過失。

「**六多分憂愁，難養難滿，不知喜足過失**」。

有些天生內向的人，多愁善感，不能說他不對，如果問他：「你在大乘學舍有吃、有住、一切方便，哪樣不好？」他說：「好是好，不曉得下學期還辦不辦」。他明天在床上爬不爬得起來，還不知道，他還愁到明年去了，這就是「**多分憂愁**」。

嫌大乘學舍的素菜營養不夠，明天加了營養，又說維他命C好像少一點，很「**難養**」。「**難滿**」：認為功課太多，好像電視沒辦法看，反正永遠不滿足。

你們經典都會看，對不對？但是你們眼睛沒有我的眼睛深入，你們帶了八隻眼睛也看不進去，懂了嗎？所以我們看到這些經典是冷汗直流，自己都不好意思，感覺自己每一條毛病都犯了。你們自己看看，沒有一個字不是打我們的。我們是怎麼學佛啊？沒有一樣德行夠的，對不對？「**多分憂愁，難養難滿**」，頭陀行要滿足，是知足常樂，「**不知喜足**」是不滿於現實，不安於現實，由於這個過失，因此不能得定。

不如意　又懶惰　閒事多

「**七即由如是增上力故，多諸事務過失**」。

由於上面的這些心理行為不對，心中愈想愈不對，本來這裡還馬馬虎虎可以住，後來越看越不對，都不合我的意思，這個環境不好，還是到山上找個茅蓬吧！再不然找個圖書館吧！想像另一個地方都比這裡好，「此山看到那山高，到了那山又心焦」，人是永遠不會滿足的。所以「**增上力故**」，自己錯誤的觀念愈困愈厲害，因此修行的時間少，想世間事情的時間多。本來自己一個人住茅蓬，衣服自己洗，自己煮飯自己吃，已經夠累了。到了這裡有洗衣機，不必自己洗了，但是這洗衣機好像不太好，好像有新牌子的，打電話問看看，問不到，再問別人，如此這般，增加了很多事務，事務越來越多，心裡不能平靜，所以不能定。

「**八雖無此失，然有懈怠懶惰故，棄捨加行過失**」。

雖然沒有上面七條過失，但是人有一個天生的毛病，就是懈怠懶惰。懈怠與懶惰大不相同，懶惰是身懶惰，貪吃貪睡，懶得動，叫他做點事都不幹的，做起來有氣無力。懈怠是馬虎，做事情馬馬虎虎的。說每天唸個經吧！打個坐吧！唸經也馬馬虎虎，心裡頭很急，想趕快唸過去，然後想自己空閒時間多一點，實際上這是懈怠的心理。你說人生留了很多空閒時間是幹什麼？就是坐在那裡呆想，呆想的果報是智慧越來越暗鈍，他生來世的果報變成呆頭鵝、豬啊！你不要認為豬吃飽了，坐在那裡沒有思想，牠也有思想，也有境界，是昏沉睡覺的境界。

因「**懈怠懶惰**」棄捨了加行，何謂加行？加行就是加工廠的加工。我們所有修行方法都只是加行而已，為什麼要拜佛唸經修定？因為這些是加行，把無始劫來那些壞的習氣，拿這個加行的法門，把它磨掉，這是廣義的加行。

狹義的加行就是四加行：煖、頂、忍、世第一法。煖是靜坐達到密宗所講的拙火發起，氣脈通了，渾身得煖，得三昧真火之力。頂：氣脈打通了。忍：妄念自然切斷了，這個樣子只不過是世第一法。包括顯教、密宗，一切氣脈工夫，不過是四加行的修持。達到了世間第一等，然後才可以修出世法。

所以不可以「**懈怠懶惰**」，應該精勤的修四加行。四加行是大原則，唸佛也可以唸到四加行成就，修止觀、數息，都是一樣。可是一般人修持不會幹的，因為懶惰。自己原諒自己就是懈怠，原諒以後又很慚愧後悔，覺得自己沒有出息。但過了幾分鐘，又找出許多理由來支持自己的沒出息，覺得是很對的。人就是那麼搞，所以修行永遠不能成就。

「**九雖無此失，然有為他種種障礙生起過失**」。

假定沒有上面這些過錯，但是有時候為了外界的事，而障礙自己。所以我說「好貓管七家」，家裡的好貓，捉了家裡的老鼠，也跑去捉別人家裡的老鼠。別人的事與他雖不相干，他也亂在心裡，熱心得讓人討厭。世界上這種人多得是，「**為他**」這個「**他**」，不只是為別人的事，是為外面不相干的事瞎忙，忙得一塌糊塗，障礙了自己，生起了一切的過失。

愛挑剔　不受教　種種毛病

「**十雖無此失，然有於寒熱等苦，不能堪忍過失**」。

修行菩薩道，要難行能行，難忍能忍。到了太冷的地方，又沒有電爐、煖氣，不好打坐；太熱的地方，沒有冷氣也不能打坐。這裡風水不好，那裡濕氣太重，又怕冷，又怕熱，沒有頭陀行的堅忍不拔的心理不能修定。如果說要環境好才來修定，把釋迦牟尼佛那個座位讓給你好不好？你真到了那裡，恐怕也坐不住，你定不了的。電燈開亮一點，嫌燈光太強；關暗時，嫌不夠亮。反正人都有種種毛病，就是不能堪忍之過失。

「**十一雖無此失，然有慢恚過故，不能領受教悔過失**」。

雖然沒有這種錯誤，但有我慢，憍慢。「恚」：脾氣特別大，不是瞋心；瞋心是真動氣就殺人，那是真瞋心。你們哪裡有瞋心？比你脾氣大的就把你嚇住了，你只是恚心，氣大，毛病大，看不慣氣就來了。實際上是肝病，肝火旺。所以因為有慢心、恚心，不能接受別人好的教誨，故而不能得定。

「**十二雖無此失，然有於教顛倒思惟過失**」。

思想不清明，對教理搞不清楚，解釋不對，顛倒思惟。同樣的看佛經，學佛學，認為他講的不對，自己有新的思想叫作新潮派，跟著時代潮流走，就被沖得迷失自己了。所以我一生從不跟著時代潮流走，結果現在我的舊東西反而變成最吃香了。何以能如此呢？因為我不肯跟著潮流走，潮流滾來滾去，我站在這裡不動，它又滾回來了。所以信而好古，老老實實去修行。

「**十三雖無此失，然有於所受教有忘念過失**」。

聽了就忘掉了，這有什麼用啊？這是「**忘念過失**」，有則要改。你說腦袋是父母給我的，本來就不太好呀！老實說吧，沒有什麼腦袋好不好的，是肯用心與不肯用心之故。你把我這句話仔細研究，聰明的人一聽就會，就記住了，我笨，我多唸一百遍，也成功了。所以「勤能補拙」這四個字要記住。

「**十四雖無此失，然有在家出家雜住過失**」。

像我們這個樓上一樣，在家、出家住在一起，有時候想想，自己的頭髮剃了實在可惜，看別人留了頭髮蠻漂亮的。這是「**在家出家雜住**」的過失，實際上還不是形相上的，而是心的原故，這個過失最嚴重。

「**十五雖無此失，然有受用五失相應臥具過失，五失相應臥具應知，如聲聞地當說**」。

這是說，嫌打坐墊子不好，棉花不夠厚，枕頭睡得不舒服，被子不好，這衣服穿來打坐不方便等等這些毛病，是與臥具有關的五種過失，這裡先不講，將來講到聲聞地中有關出家人，真正修行的人時，我再講。

「**十六雖無此失，然於遠離處，不守護諸根故，有不正尋思過失**」。

雖然沒有這些過失，但應該與世間隔離，應該遠遠的放下世間那些事情，結果沒有真正放下。「**不守護諸根**」，六根沒有守戒，喜歡看電視，眼睛貪圖世間色相；耳根沒有守護，喜歡聽音樂，喜歡聽笑話，心裡一面念佛，一面想黃色的雜念，這時你頭上的光就變黑了。明眼人看得清清楚楚，這都是不守護根門，尤其意根之根門，妄想煩惱多。

「**十七雖無此失，然由食不平等故，有身沉重，無所堪能過失**」。

貪吃、而且亂吃，或肚子餓了的時候又不吃，熬出胃病來了，也是犯戒的。看到素菜新鮮好吃，香菇多，多挾兩口吃，結果腸胃吃壞了，妨礙了修定，所以飲食調節第一難。吃壞了，飲食不平等，「**身沉重**」，打起坐來不舒服，這裡發痠，那裡發脹發麻，因為腸胃裡不乾淨，種種毛病就來了。再不然上打嗝下放屁，腸胃不通的打嗝，與氣脈打通的聲音是不同的。

「**十八雖無此失，然性多睡眠，有多睡眠隨煩惱現行過失**」。

貪睡，愛昏沉，睡多了容易起隨煩惱。隨煩惱：忿，恨，覆，惱，嫉，慳，誑，諂，害，憍，無慚，無愧，掉舉，散亂，昏沉，不信，懈怠，放逸，失念，不正知。譬如睡多了容易漏丹，容易做夢……種種毛病都來了。多睡傷氣，氣不容易通等等；坐久了容易傷肉，不是指打坐，是椅子上坐久了；走路走久了不休息，容易傷筋。我們這個四大的身體太難弄了，要四大調和了才能得定。你以為學佛成道這個學問是簡單的嗎？光是跑到廟子三皈依，你就皈依了嗎？哪有那麼簡單！要研究學理才知道，這些學問《瑜伽師地論》裡都有了。

「十九雖無此失，然不先修行奢摩他品故，於內心寂止遠離中，有不欣樂過失」。

雖沒有這些過失，但先不好好打坐修定，沒有得止，內心的心念都不能止，不能繫心一緣，所以內心不能清淨寂滅，內心不能得止，對於打坐修定不喜歡，看書還喜歡。為什麼？因為你的業習果報，是由於無始以來散亂心重，愛看書是散亂心重。有些人看書看不進去，一看就昏頭，那是昏沉習氣重。如果看書也不討厭，也不喜歡，不過看書時不大昏沉，就是呆呆的，一天沒事做，坐在那裡發呆。這是多生累劫無記業重，所以墮在無記果報裡。問他在想什麼呢？他說沒有想，他是真的沒有想。沒想是入定嗎？沒有，昏昏呆呆的，落在無記業裡，要注意的是，無記業久了，他生來世的果報變豬差不多。

「二十雖無此失，然先不修行毗鉢舍那品故，於增上慧法毗鉢舍那如實觀中，有不欣樂過失」。

因為開始對於修止觀的方法不清楚，所以慧始終發不起來，修止觀修成了也不算三摩地，三摩地是得正定。像你們白骨觀也觀不起來是不是？修觀修好了，慧力才發得起來。白骨觀都觀不起來，你的習氣多暗鈍啊！就要多唸佛，多唸咒子，多求懺悔，知道嗎？不要灰心，勤能補拙，我一年觀不起來，二十年一定把它觀起來，大丈夫學佛就要下這個決心。這二十條是過失，因為犯了這些過失，所以修行不能得定。

無善巧方便　加行慢又錯

「如是二十種法，是奢摩他毗鉢舍那品，證得心一境性之所對治。又此二十種所對治法，略由四相，於所生起三摩地中，堪能為障。何等為四？」

這二十條講起來多可怕啊！我們沒有一樣是對的，像一個人全身都是病，怎麼醫呢？他說不要緊，放心，有一個辦法，就是「**心一境性**」，一念專一，這二十種病都可以去掉。念佛真念到一心不亂；止觀雙修之間，真能達到「**心一境性**」，這二十種毛病都可消除了。

講了二十種不能得定的原因，歸納再歸納，有四種現象在修定的當中是一種大障礙。

「**一於三摩地方便不善巧故**」。

第一，你對修定的方法沒有弄清楚，譬如修念佛，念佛方便你都沒有懂；又像修密宗各種的觀想，但你觀想方法沒有弄清楚；修白骨觀的方法方便也沒有懂，那當然不能得定，因為有障礙，而你又懶得研究。不是你懶得研究，是你那無記與昏沉來了，呆鵝的習氣就現行，呈現出來了；不能善巧運用方便，善巧是很難的。

「有時且念十方佛，無事閒觀一片心」，有時候念佛，念到煩惱妄想都沒有了，佛也不想念了，空了，既不昏沉亦不散亂，那就定了。方法是要懂得善巧方便。有時候曉得身體不對，或者吃多了定不下去，就下來運動一下；再不然找個朋友聊聊天，調劑一下。但不要妨礙別人修行。或者另用其他方法，隨你了，此身此心最難調伏，要懂得善巧方便，調伏自己。

所以小乘道的比丘戒，唱歌跳舞說笑話都不准的；大乘菩薩戒，戲嫚歌舞都是許可的，因為可以調心。心不能不調，當此心活起來，像猴子一樣跳時怎麼辦？如果是學密宗的，在想發脾氣時，他有一個地方把你推進去，裡頭有很多人，老幼男女都有，都是影子，你就一個一個指著罵，甚至於打，打了半天也沒事。打完了，你也沒得氣了。師父就問：你好了吧？「師父，我好了，我懺悔」。「好吧！打坐去」。你想唱歌跳舞，他也有個地方給你去唱，讓你去跳。在沒有得定以前，身心很難調適，人就是那麼麻煩，吃飽了就想拉，拉完了又想吃，就是一個那麼討厭的東西。所以必須善於調整，要懂得善巧，如果不懂善巧，修行就有妨礙。

「**二於一切修定方便全無加行故**」。

修定方法是有了，還要加行。比如要你們修白骨觀，本來你們都觀不起來，因為現在沒有尸陀林，白骨都沒看過，所以我就花了很大的心血金錢，買了白骨的模型來讓你們看。這是方便、方法，也是加行。加行在上面我們已經講了，此處不再多講。

「**三顛倒加行故。四加行慢緩故**」。

「**慢緩**」就是慢慢的，馬馬虎虎，得過且過。知道是錯了，現在很慚愧、後悔，但下次依舊，照樣慢。也知道不應該這樣，但都是事後再後悔，那有什麼用？一輩子有多少後悔？「**慢緩**」就是這樣。

「**此三摩地所對治法，有二十種白法對治，與此相違，應知其相，由此能斷所對治法，多所作故，疾疾能得正住其心，證三摩地**」。

白就是善念，黑就是惡念，這是修定的二十種白法對治。但是這樣一聽修行多難啊！幾時才能做得到啊？算了，我不幹了。不難，有一條路可以對治這些毛病，就是多做善行，增延白法，念茲在茲為善的人，很容易得定。所以為什麼我們不能得定？惡業太重了。所以哪一種是心理的關係？哪一種是生理的關係？都要搞清楚。「**疾疾**」就是很快，能得「**正住**」，就是定境，心住三摩地，不只身能證到，心也能悟到。

「又得此三摩地，當知即是得初靜慮近分定，未至位所攝」。

初初得到這個三摩地，現在告訴你這個定的境界是初禪定的前奏。所以說修定想成就，初禪定就那麼困難。「**近分定**」是接近初禪的定境。「**未至位所攝**」是還沒有得到初禪的果位。

「又此得三摩地相違法，及得三摩地隨順法，廣聖教義，當知唯有此二十種」。

這二十種在一切經典上都有，不過是散開的，在這裡把它歸納起來。

「除此，更無若過若增，由此因緣，依初世間一切種清淨」。

得到了這個定境，則世間定，就是世間一切種的清淨都達到了，也就是我們一開始的經文所說的，這時才可以起步修行。但是這並沒有到達初禪的境界，只是初禪的近分定，接近初禪而已。

「於此正法補特伽羅得三摩地，已善宣說，已善開示」。

補特伽羅就是眾生，也代表修道的人。因為含義多，不翻義，只翻音。

就是說，能這樣修行的修行人，才可以得三摩地，才夠得上給人說法了。他還不是羅漢、菩薩，但能修行到此，講佛法比較不會錯，所以可以給人開示。

修定是這樣子，害怕了吧！這條路太難走了。現在翻到第二十一卷〈**本地分中聲聞地第十三，初瑜伽處種性地品第一**〉（五百二十一頁）。

在《瑜伽師地論》一百卷中，前五十卷是〈本地分〉，就是每一地的義理。後五十卷，分別為攝抉擇分、攝釋分、攝異門分、攝事分，是分開來講修行的次序，共有那麼多次第。現在本地分中先講聲聞地第十三，這是超過了人天乘而專門講修行的。開始第一段〈**初瑜伽處種性地品第一**〉，是說修瑜伽、禪定的修行人，首先要了解他的根器種性，也就是看他前生阿賴耶識的種性如何，檢討他的成分。

什麼是聲聞地

「如是已說修所成地，云何聲聞地，一切聲聞地，總嗢柁南曰：若

略說此地，性等數取趣，如應而安立，世間出世間。此地略有三，謂種性趣入，及出離想地，是說為聲聞」。

二十一卷以前是講由人乘、天乘到達聞、思、修等，到修所成地，前面已經講過了。現在開始講聲聞地，如何是聲聞地？「**一切聲聞地，總嗢柁南曰**」，一切聲聞地之總頌、綱要。

這樣唸看得懂嗎？（同學答：不懂。）你們講不懂是老實話。你們要發心看經，有許多人說：「我要閉關看藏經」，看藏經？看到你自己都藏起來了。所以我們這裡的書院，開始叫你們中文基礎要打好。看！這經文不是中文嗎？你們都是中國人，看是看了，但是不懂，怎麼辦？下面再逐一解說：

「**若略說此地，性等數取趣**」，這個是偈頌之綱要，是簡單的講聲聞地的範圍。一切眾生，死了又生，生了又死，在六道輪迴叫「**數取趣**」。中陰身變牛、變馬、變狗，都有它的種性。為什麼這個人死後會變成狗，會變成豬呢？這是什麼道理呢？這是個人業力因緣，有些人上天堂，有人下地獄，因各人的種性不同。所以我們每個人都是人，為什麼有男有女，每人個性、脾氣、思想，全都不同呢？因為每人阿賴耶識帶來的前生習氣、業力、種性不同。

「**如應而安立**」，現在彌勒菩薩為了後世一般修行人，把這個道理，指出來跟我們講。

「**世間出世間**」，聲聞眾並不一定都是出家眾，在家也有聲聞眾。所以聲聞眾有世間的，也有出世間的。

「**此地略有三**」，這個聲聞地包括了三大成分。

「**謂種性趣入**」，哪一種根器的人才容易證入聲聞地、阿羅漢、大阿羅漢果呢？根性不夠的，就沒有辦法，等於我們教學生及用人一樣。譬如我們在座好幾位將官，他們都帶過兵，作過長官的。有些部下很好，想把他提升二三級，但想盡辦法總是提不上來，像是扶不起的阿斗，又像是豆花，一倒地下就散了，捧都捧不起來，沒得辦法，他的根性是如此，想提拔他沒辦法。像我一生世間出世間的經驗，都是一樣，有些人想捧他一下，捧到一半，他在裡頭翻筋斗了，不捧他還蠻好的，一捧他就出問題，只好放下。所以哪一種人才可以得這個果，這是根性的問題。

「**及出離想地**」，出離世間的心沒有發起來，是無法談學佛修道的，不管在家、出家，厭離心沒有發，學佛談不上。你們在座很多居士，說自己是學佛的，你們哪裡發過厭離心呢？對世間還歡喜得很呢！兒子管了，還要管孫子，孫子管了，還有曾孫子。發煩時說：「我再也不管了」，氣消了，又管起來了。前兩天有一個朋友，以前曾告訴我，兒女成家了，他再也不管了，現在還拚命管孫子。我就說他，他就說：「不管了，絕不管」。我說你不要吹牛了，孫子長大再娶個太太，生了曾孫子，一樣抱的。我已經見了他家四代了，他還是要再管下去。

沒有發起出離心，學佛都是空談。今天講的是真話，所以平常我對你們馬虎，你們說自己是學佛的，我雖然讚歎，其實你們出離心的影子都沒有，你對世間還喜歡得很呢！所以禪宗祖師罵人「汝心正鬧在」，你心裡頭還熱鬧得很呢！你還來學佛，學個什麼佛？你在世間得意自喜，自認為還「前途無量，後途無窮」的搞著；不曉得「前途有量，後患無窮」。所以在種性裡包括出離心，出離心真發了，才可以談學佛。學佛第一步先發出離心，離一切妄想，全放下，這樣才夠得上是學聲聞道。

種性是什麼

「**云何種性地。嗢柁南曰：若略說一切，種性地應知，謂自性安立，諸相數取趣**」。

初步聲聞之根基，是要知道修行人的種性。總頌說：簡單告訴你聲聞地的一切種性，是自己曉得檢查自己，屬於什麼種性；一個善知識或當老師的，在教化人的時候，應該知道這個人的種性。下面再解釋重點：

「**謂自性安立**」，說你是成佛的根基，你就成佛了嗎？威音王佛以前或者有無師自通的；威音王佛以後都要明師教化，但都不離開自性之道。這個根基是誰給他的範圍呢？沒有人給他範圍，無主宰，非自然，是「**自性安立**」。可是人的個性不同，因為他的業力種子不同。

「**諸相數取趣**」，這是指生命的輪迴，這個生命，前生多做了幾生的猴子，這一輩子生來就有猴相，有猴子的習氣。有些人多做了幾生的女人，這一生變成男子，但他一舉一動就像個女人，有女人習氣，一看就曉得是女人剛變男人的。有的男人做久了，這一生來做女人，動不動就像要打架的樣子，這是根性不同，在他言談舉止上，每一個細胞都可以看得出來，乃至人體的氣味，都可以曉得。有些從畜生道中來，這一生剛剛變人身，那個味道還在；有些是仙佛道中來的。這些要靠你修定，工夫到了都會知道。不要問老師怎麼會知道，我也沒辦法幫助你知道；要說也是有辦法的，就是好好依教而修，工夫到了，自然就知道了。

第二講

這部經論實在是佛法的寶藏，其中修行需要的重要東西太多了。上次講到第二十一卷聲聞地，對出家專修的方面來講，首先要了解種性，當然最需要的是修持，了解種性才能知道適合修行的方便法門；至於如何證得三昧的問題，則是更為重要。

現在大家對今天要講的，都有準備，看過了嗎？（同學答：看過，但是看不懂。）看不懂，這倒是老實話，現在為了爭取時間，先了解聲聞地中的種性地，這在修持方面來說，非常重要。所謂種性，就是我們普通講的根器，每人都有他的根器。種性地是討論以前多生累劫以來的根器，也就是種子，是由阿賴耶識習氣染污帶來的，在這一生所起的現行。「種子現行」這個名辭應該懂吧？不懂的就請問懂的人，因為怕花太多時間再從頭講起。

《瑜伽師地論》講到聲聞地的種性地，尤其是出家專門修行的人，這個種性更重要，乃至在家要想真正學佛的，如果沒有這個種性，是沒有辦法培養的。這一生你的許多修行，只能說是種一點善根，拿這一生的行為，熏習充實，培養他生來世的種性。所謂「種瓜得瓜，種豆得豆」，就是阿賴耶識的種子生起現行。下面看五百二十四頁：

修行的善緣與劣緣

「問：何等名為涅槃法緣，而言闕故，無故，不會遇故，不般涅槃。答：有二種緣。何等為二，一勝二劣」。

首先他講佛的種性，由佛的種性再講菩薩乘、二乘的種性，然後再說到人天乘等等。種性的道理在《楞伽經》裡講得也很清楚。換句話說，出家法師們今後收弟子，尤其是收出家弟子，不能隨便，非觀察他的根器不可，因為種性太重要了。有了前生的種性，還要今生得勝緣，各種條件具備才能修行。

「**云何勝緣。謂正法增上他音，及內如理作意**」。

什麼是勝緣？就是說有了很好的根器，這一生還要遇到佛法的正法住世。有了種子，有了正法住世，有善知識明師培養的增上緣，這個種子才能長大，這是外緣。內緣是「**內如理作意**」，內心合理的正思惟。「**作意**」就是意識熏習佛法，要造成意識的境界，譬如念佛、觀想等等，乃至研究教理，修行禪定，都屬於「**如理作意**」。相反的，不如理作意就是凡夫的妄想，一天到晚嘻嘻哈哈的，或發脾氣，耍耍花樣，這些都是非如理作意。非如理作意的現行累積起來，他生來世的種子更可怕。

「**云何劣緣。謂此劣緣乃有多種**」。

什麼是劣緣？就是不好的因緣，有很多種。

「**謂若自圓滿，若他圓滿，若善法欲，若正出家，若戒律儀，若根律儀，若於食知量，若初夜後夜常勤修習悎寤瑜伽，若正知而住，若樂遠離，若清淨諸蓋，若依三摩地**」。

與這些相反的叫劣緣，表面看起來都是好的，就是說，如果我們要修行，做不到這些就是障礙，使你不能成功，內容包括了很多。下面再逐句加以解說。

「**若自圓滿**」，我們自己不圓滿，六根有欠缺，耳聾、眼盲、頭腦白癡啊，或者是麻痺了，這是身根不圓滿，就是劣緣。現在常說，人生最難是「暇滿之身」，暇是閒暇，又有圓滿的身體，又年輕，又有清閒的時間，可以在這個地方聽經又打坐。人生清閒難得，尤其這個工業社會，誰不為生活忙碌啊！你們出了家，如果沒有事情還坐在那裡自生煩惱，他看你鼻子不對，你看他眼睛歪了，真是浪費這個生命。

「**若他圓滿**」，依報，環境等等一切都很如意圓滿，無障礙。

「**若善法欲**」，欲就是欲望，欲望分兩種，廣義的欲，一切都是欲；狹義的欲是男女之間淫欲之欲。佛經上的欲是廣義的欲，什麼是欲呢？你說自己是吃素的所以沒有什麼欲望，但是看到這個素菜，從鄉下剛帶來的才新鮮，筷子多去挾兩口，這就是欲；這個山水多美麗呀！也是欲。世界上能做到完全離欲，難啊。「皈依法，離欲尊」，真正能夠離欲嗎？貪愛清淨也是欲，要一切欲皆遠離才行。出家是要遠離這些廣義的欲，但在沒有完全離欲以前，要有善法欲，就是做善事的欲望。你們都說要學佛，對於做善事，有沒有欲望呢？沒有，都是被逼才做的，絕不是發心歡喜去做，不是有這個欲而去做的。可是看電視就有欲了，到時間不打開看，心裡頭都發癢。看電視是眼耳視聽之欲，但修善法有沒有像看電視電影這樣熱心呢？有問題，所以要發起善法之欲，沒有發起就是劣緣。

「**若正出家**」，不是歪出家，正出家的理由後面有，聲聞地裡有些人因灰心而出家，有些被環境所逼而出家，下面都有，都是非如理出家。為求了生死，為求得菩提，為求證果，這才是「**正出家**」。如果不是這個目的出家的，就是劣緣。

「**若戒律儀**」，戒行律儀是真正的清淨，而且懂得戒律，戒律不是條文，像在座有當法官的，判案時先是背法律條文，有時會判錯了，所以要懂得法律的精神和運用，戒律也是這樣。

「**若根律儀**」，廣義的根就是種性，是前生的因果；狹義的根，是指六根等等。

「**若於食知量**」，你們經常生病，那都是飲食不知量，看到好吃就多吃，腸胃就出毛病了。腸胃生病就容易感冒，凡是要感冒胃先出問題，中西醫一樣的道理。腸胃沒有問題的話，即使感冒，細菌進來可以把它控制得了，這是自己本身的生命功能。有時因感冒來了，腸胃就出問題。出家修行人食不知量，該吃時餓著，該餓的時候拚命吃，連飲食都不能知時知量，如何去修行？這是佛所說的，因為飲食的障礙是很重的，應該學會調整。

「**若初夜後夜常勤修習悎寤瑜伽**」，初夜是上半夜，後夜是下半夜，隨時都在定境中。比丘戒律，在睡眠時觀日輪在心中，右脅而臥，這是戒律，你們做得到嗎？沒有做到。睡覺打呼，也是違反律儀，所以真講律儀戒，就有這樣嚴重。受過三壇大戒的比丘，應該如理而眠，就是身體睡著了，但心意識很清明，就是因為常勤修習「**悎寤瑜伽**」的原故，所以守戒律就有如此之難。

「**若正知而住**」，妄念一大堆是邪知而住，沒有正知正覺，三菩提就是正知正覺。

「**若樂遠離**」，要遠離憒鬧，凡夫喜歡熱鬧，但真正的聲聞是要遠離憒鬧，不能遠離憒鬧是劣緣。

「**若清淨諸蓋**」，一切五蓋及貪瞋癡慢疑都要清淨，但是我們半樣都沒有清淨，所以是劣緣。

「**若依三摩地**」，隨時隨地都要在正定中，而我們都在散亂、漏失中。

你的人身是善得的嗎

「**云何自圓滿。謂善得人身，生於聖處，諸根無缺，勝處淨信，離諸業障**」。

先說什麼是惡得人身。有些人修外道法的，可以搶別人的身體。有嬰兒剛出生時，修外道法有功力的，可以把那個嬰兒靈魂擠走，自己硬搶這個身體住進去，這叫奪舍法。那就是惡得人身，那是犯殺戒的。

奪舍法是有特別教授法的，修到有了定力，因為自己年齡到了，這一生沒有修成功，不想再經過投胎，趕緊修奪舍法。自己靈魂出竅，也不生天，也不下地獄，就飄呀，飄呀！看到有年輕剛死掉的，這人身體沒有壞，這房子還可以用，就強奪進去侵佔了。有些連剛剛出生的嬰兒都可以侵佔，但這就犯了殺盜之戒，照理不會修道修成的，因為犯了佛戒，這都不是「**善得人身**」。要生在有聖人的地方，六根暇滿，又是正法住世之處，能生淨信，更沒有惡業障礙。一般人身心內外都是業障，有人的頭腦鬼聰明，但是看《瑜伽師地論》，頭腦用於正知正見上的，就看不懂，所以「**善得人身**」很難。

「**云何名為善得人身。謂如有一生人同分，得丈夫身，男根成就，或得女身，如是名為善得人身**」。

什麼是「**善得人身**」？這人一生下來得丈夫身，男根成就，女根圓滿。

「**云何名為生於聖處。謂如有一生於中國，廣說如前，乃至善士皆往遊涉，如是名為生於聖處**」。

所謂「**生於中國**」，不是講我們中華民族的中國，當時佛在印度說法，

「**中國**」是指世界文化的中心，有文化、有教育的地方，前面已經講過了。你投生下來的這個地方，有很多修行人，有大智慧的善知識很多，這就是「**生於聖處**」。

「**云何名為諸根無缺。謂如有一性不愚鈍，亦不頑騃，又不瘖瘂，乃至廣說，支節無減**」。

生下來沒有缺陷，個性不是愚笨的，如果智商不夠就是「**愚鈍**」。「**頑**」是調皮，三天兩天就變一個花樣玩；「**騃**」是傻。

「**彼由如是支節無缺，耳無缺等，能於善品精勤修集，如是名為諸根無缺**」。

尤其聲聞地，注重耳根，能夠聽懂話，聽不進去有什麼用？要會看得懂修行的經典。你們大家「**諸根無缺**」，「**善得人身**」，怎麼看不懂經典呢？非不能也，是不為也，是自己不真正用心之故。關於這裡聲聞地之種性，大家要特別注意。

現在再看五百二十六頁，這是挑重點來講，其餘大家只要用心看，就會看得懂。

正出家該如何做

「云何名為法住隨轉。謂即如是證正法者，了知有力能證如是正法眾生，即如所證，隨轉隨順教授教誡，如是名為法住隨轉」。

實際上無所謂正法、像法、末法，就是你到了「**了知有力能證**」，自己認為這一生非證到不可，這就是「**正法眾生**」。現在拿我們一堂人來做比喻，平常你們一講話，就說我罵你們，我為什麼罵你們？因為你們不能「**隨轉隨順教授教誡**」。「**教**」是教你，「**授**」是傳授給你，我說這件事你應該如何做，你沒有這樣做；如果能夠依照所教授的去做，才算是「**法住隨轉**」。這就等於正法住世，因為經典都在呀，你可以不聽我的講解，但是你應該聽經典的教化啊！所以你沒有看經，沒有研究論，就沒有做到「**法住隨轉**」。

「云何名為他所哀愍。他謂施主」。

這是專對出家人說的，既然出了家，「上報四重恩，下濟三塗苦」，佛恩、父母恩、國家恩、眾生恩，都是對我們有恩的施主。廣義的說，世界上一切眾生都是我們的施主。譬如我們一堂人坐在這裡，肩不需挑，手不要提，坐在這裡飯就拿來了，或敲敲木魚就可以去吃飯了，所以我們都在接受別人的供養。這個樣子還不滿意嗎？一切眾生都是我們的施主，這個就是施主的道理。

「彼於行者起哀愍心，惠施隨順淨命資具，所謂如法衣服飲食，諸坐臥具，病緣醫藥，如是名為他所哀愍」。

聲聞眾比丘，隨時要想到，自己的修行是有賴於眾生的布施。譬如我們穿的衣服、飲食、臥具，以及生病的藥物，都是他們的哀愍而布施給比丘眾的。

「云何善法欲。謂如有一或從佛所，或弟子所，聞正法已，獲得淨信，得淨信已，應如是學」。

修行人第一要發起善法之欲望。在我們沒有證道以前，都會有欲望，但是修行的欲，是發起善法之欲，善行善思惟，是成佛功德的根本，所以善法欲要發起。善法的欲一天一天要增加；厭離心也要發起，世間法一天一天要厭離，這是三十七道品四正勤的道理。

假使有一個人，或者跟隨佛，或者跟隨佛的弟子們，或佛後世的弟子們，如果聽過正法沒有起信，也沒有用；要生起淨信，有了淨信則應依教奉行，才是真正的學佛。不是像你們一般青年，聽了一點佛學的理論，四大、五蘊、十二根塵，談得頭頭是道，行為上樣樣皆錯，這不是學佛，這是學吹牛，那有什麼用？所以要以正法行，以淨信行，「**應如是學**」。

「**在家煩擾，若居塵宇，出家閑曠，猶處虛空**」。

重點在這裡，出家為了修行，在家煩惱困擾，就像居住在灰塵滾滾的房子裡，像現在到街上走三個鐘頭回來，鼻孔一洗，黑的。過去是紅塵滾滾，現在工業時代是黑塵滾滾。出了家則清淨，也是另一個生活形式，出家以後人像住在半空中一樣空曠。

「**是故我今應捨一切妻子眷屬，財穀珍寶，於善說法毗奈耶中，正**

捨家法，趣於非家」。

因此一個聲聞眾，學佛出家的人，捨掉妻子眷屬，一切金銀財寶等，於善法行中精進修學，就是「**正捨家法**」，到法王家，不是世間的煩惱之家。

「**既出家已，勤修正行，令得圓滿，於善法中生如是欲，名善法欲**」。

出家之後，勤修正法，要這樣才是生善法欲。

「**云何正出家。謂即由此勝善法欲增上力故，白四羯摩，受具足戒，或受勞策所學尸羅，是名正出家**」。

發了厭離心，生起求道之心而出家。「**白四羯摩**」就是戒律的形式，「**受具足戒**」是比丘受的三壇大戒。所謂「**受勞策**」是受沙彌的戒，也就是擔任勞力的事務，所以《指月錄》中記載，多少大禪師，都在大眾中做飯頭的。「**勞**」是勞務。「**策**」是如鞭子，是用最苦的勞役工作鞭策自己。像你們呢？擦窗子也懶得擦，擦地板也懶得擦，你們是會分配給別人做，自己不肯做勞力的事，更沒有拿勤勞事務來鞭策自己。「**尸羅**」是戒律，出家不是貪舒服，出家要「**勞策**」，以苦行為師，這叫「**正出家**」。底下的文字自己研究。

再看第二欄，因為我們的重點是要大家入正修行之路，你們不要跟我這樣跳過去不看，自己下去要仔細的研究。修行的方法都包括在內了，顯教密宗統統都有。一般人不看這幾本，只看現代人寫的佛學概論，那我也可以寫一百部佛學概論，手邊抓到的渣子一編就是了；再不然就是拿一瓶漿糊，一把剪刀，把別人的書剪剪貼貼，逗攏來又是一部佛學概論。

大學裡頭現在專門唸概論，都是唸人家的渣子，現在的大學哪裡是高等教育！不但中國，外國也如此。所以我常說那些教授們，都在欺騙人，欺騙別人的子弟，來生果報不得了。年羹堯給自己的兒子請家庭教師，他對老師十分恭敬。據說，他掛在書房門口一副對子，「不敬師尊，天誅地滅」，下聯是「誤人子弟，男盜女娼」。所以為人師之難，教育是不能隨便的。

這本論是最好的佛學概論，我現在帶領你們只是講修持重點，為什麼有些文字跳過去？因為來不及，好東西太多了。你們不能跟我一樣跳過去，否則就犯了不接受教授教誡的過錯。其實只要用心，也是很容易看的，買一本書不看，對不起書啊。如果說沒有時間看，你是人，我也是人，為什麼我能看那麼多？因為我肯勤勞，我要求道呀！為求正法故，生命都要捨，哪裡沒有時間？哪裡沒有精神？都是在原諒自己，自己想想看，對不對？所以不能跳過去省略不看。

「**依於意根修律儀行，是名根律儀**」。

什麼叫戒律？戒律的重點在「意」，你表面的行為都沒有犯戒，豈知你意識裡都在犯戒。說過午不食，下午儘在想吃東西。儘管你是吃素不吃葷，燒菜時想這個是素鴨子、素魚，就是意根上犯了戒。依於「**意根**」修持戒行才對，才是修行有根；表面修行沒有用，修行是要轉第八阿賴耶識的種子，實際的根根轉了，才是真修行。

飲食是個大問題

「**云何於食知量**」。

彌勒菩薩教誡我們多清楚啊！上面提了一句話，下面再三的給你解釋。出家修行人飲食要知量。我經常發現你們飲食不知量，所以多病，修行人吃多了不好，對修行不利。飲食知量很難，今天自己修持的工夫到什麼程度，自己要注意到，譬如打坐腿容易發麻是腸胃不清之故，血液也不乾淨，所以發麻，百病皆是從飲食來。〈百丈叢林清規〉二十條，其中一條是「疾病以減食為湯藥」。你們沒有減食，菜好吃就拚命吃，吃得多多的，一大碗、一大碗裝下去，那是給身上寄生蟲吃了。所以飲食要知量，也是修行第一步。

「謂彼如是守諸根已，以正思擇食於所食，不為倡蕩，不為憍逸，不為飾好，不為端嚴，食於所食。然食所食，為身安住，為暫支持，為除飢渴，為攝梵行，為斷故受，為令新受當不更生，為當存養力樂無罪安隱而住，如是名為於食知量」。

你們不是要學佛嗎？學佛就要根據佛學，依佛的教誡去做才對吧？吃飯要有學問，怎麼叫「**食知量**」？什麼年齡該吃多少？什麼樣的身體該吃多少？乃至於營養的配合問題。營養不要過分，現在的人都是營養過分，反而吃出病來。有一些老前輩來跟我說：奇怪，共產黨不是沒得吃嗎？我們的父母在大陸的，都長壽啊，我的老媽媽已經九十幾了。我說活得那麼長是因為吃得少呀！文明社會多數是吃死的，營養過分。我在貴州西南邊界的時候，那山中沒有什麼好吃的，辣椒沾鹽是好菜，哪裡看得到肉啊？豆腐就是非常難得的上品菜。但是那裡的人活得很長壽，子孫滿堂；西藏、西康吃糌粑，吃的苦蕎麥、青稞，等於我們吃飯，一個個身體都蠻好的。

什麼是「**食知量**」？修行第一步要守根門，六根不放逸，吃東西要有頭腦，要以正思惟心來選擇飲食，不是指營養好的。眾生沒有成佛以前，每個人體質不同，病不同，要明白自己需要的是什麼。「**食於所食**」，吃我應該吃的食物，第一個「**食**」是動辭，後面的「**食**」是名辭。「**不為倡蕩**」，吃東西不是為了表示濶氣，你看我吃東西多講究，我做的菜多講究呀！那是指飲食的豐富，也是犯細的戒。「**不為憍逸**」，不是擺個架子，像我們現在的伙食，比一些廟上都好，如果對人說：我們伙食比你們好吧！這樣就是犯憍慢心、放逸心，這就不對。「**不為飾好**」，不為裝飾、好看，或出風頭。「**不**

為端嚴」，也不是為了吃得讓身體發光，臉色發紅，不是為這些而吃，是吃我們應該吃的。「**為身安住，為暫支持**」，身體四大本來假的，可是我們未修成以前，還要住在這個肉體中，所以要補充照顧它，慢一點死，慢一點倒下去。

機器靠能源，肉身靠飲食，戒律要我們吃飲食時，要有一個觀念，做吃藥觀，像吃藥一樣，使這個身體暫時活著，是為了免除飢渴而吃飲食，保留住身體性命才能修梵行。為了斷一切煩惱，為了修清淨的梵行，使煩惱「**當不更生**」，不再生煩惱了，保身體無病，得安隱快樂，而不去犯罪，也不犯戒，起心動念都要清淨，這才是「**於食知量**」。

聽了這些道理要記得啊，看了佛經不記得是罪過。我說話也要花氣力的，我的身體也是暫住在這裡，多給你們講一分鐘，我的生命體力也多消耗一分鐘，你要對得起你自己，也要對得起別人啊！

醒夢一如的人

「**云何初夜後夜常勤修習悎寤瑜伽**」。

出家後，戒律規定，睡時右脅而臥要作光明想，觀太陽日輪，身睡而心沒有睡，很清明，這才是修「**悎寤瑜伽**」，也是聲聞乘的戒。初夜是上半夜，後夜是下半夜。真講到修行，說個故事給你們聽吧，是有關身熟睡休息、打鼾，但心意識一切清醒的境界。心清明就是「**悎寤瑜伽**」，比丘聲聞道依戒律必須如此，但是菩薩境界又不同。

據說玄奘法師的弟子，三車和尚——窺基法師，他前生是迦葉佛末劫時代的比丘，在雪山打坐，末法時代沒有善知識，他就入定等釋迦牟尼佛出世。玄奘法師到印度取經經過，看到山上都有雪，只有一處沒有雪，慢慢挖出一個人，原來是一位入定比丘，就用引磬請他出定。他就說是迦葉佛末法時代的比丘，在這裡入定等釋迦牟尼佛下生。玄奘法師說釋迦牟尼佛已出生又涅槃了，比丘說：那我再入定等彌勒佛出世再說吧！玄奘法師說：彌勒佛出世誰來通知你呀？我是釋迦牟尼佛像法時期的比丘，要到印度去取經，二十年一定回來，你趕快到東土投生，等我回來度你；你由此向東走，看到紅色大宮殿的人家去投生。玄奘的意思是要他投生為太子，他於是就去投生了。

玄奘法師十七年回來與唐太宗見面問起這件事，得知當時皇宮沒有太子出生。玄奘法師不死心，再查一遍，終於查到了他生在大臣的府第。把他找來，他看到玄奘法師好像似曾相識，因為羅漢都有隔陰之迷，所以忘了。唐太宗就要他代表皇帝出家，給玄奘法師做弟子，他說：如要我出家有三個條件——一不吃素，出門要帶酒肉；二我要讀書，出門要帶書；三還要美女宮女服侍我。唐太宗和玄奘法師一概答應他，所以叫三車法師，出門帶了三輛車，酒肉、書、美女。

當時終南山有一位道宣律師，也是了不起的戒律師，心想要把他找來教訓一下。道宣律師的道行，感召天人每天送食。有一次約了三車法師上山，請他一齊接受天人供養，豈知不但午時沒有天人送食來，到了晚上也沒有來。窺基法師說你害我沒飯吃，下山又太晚了，只好打坐。窺基法師很胖，打鼾打呼的大睡。次日道宣律師就批評他是犯戒比丘，既然出家就是比丘，雖代表皇帝出家，總要有威儀啊！出家人睡覺要右脅而臥並要做光明想，你打呼打得那麼厲害，害得我一夜都不清淨。

窺基法師說：是你吵得我一夜都沒有睡好！你打坐到了半夜，有隻虱子咬你，你用手輕輕把牠抓出來，想把牠弄死，又怕犯了殺戒，你只好往地上一丟。虱子的一隻腳跌斷了，腿痛叫了一夜，害得我一夜都沒有睡好。道宣律師一聽嚇住了，因為那是實情。所以真入定的時候，聞蟻鬥如雷鳴。道宣律師只好送他下山。中午天人又來送食，道宣律師問天人，昨天怎麼不見你們送食呢？天人說：昨天你這個茅蓬外，看見四大金剛、天龍八部都在這裡護法，我們是欲界天的小天人，進不來。道宣律師一聽又傻了。

你們聽故事，不要光覺得好聽，夜裡睡眠時要勤修習「**悎寤瑜伽**」，這與飲食有關了，過午不食則不容易昏沉，這是對專修的人而言。那會不會因睡眠不夠而有問題呢？不會的，沒有一個修行人因睡不夠而死的。修行要斷除五蓋，就是財色名食睡，睡眠也是一蓋，修「**悎寤瑜伽**」就是為了要斷除睡眠。飲食知量也很重要，因為腸胃太滿才昏沉，所以中國人罵人「腦滿腸肥」，腦子滿滿的沒得思想，如果腦子像水泥一樣的，腸又太肥了，還會悟到空嗎？所以飲食要知量。

「**謂彼如是食知量已，於晝日分經行宴坐，二種威儀，從順障法，淨修其心**」。

聲聞地的行者，白天應該經常經行宴坐，而經行與打坐的時間要相等，夜裡也是這樣修。

「**過此分已，出住處外，洗濯其足，右脇而臥，重累其足，住光明想**」。

到了中夜，把腳洗好，右腿在下，左腿在上伸直，心中觀日輪住光明想。

「**正念正知，思惟起想，於夜後分，速疾悎寤，經行宴坐，二種威儀，從順障法，淨修其心，如是名為初夜後夜常勤修習悎寤瑜伽**」。

這叫作修行，這才是真為修道而出家。「從順障法」，一是把障礙轉過來，變成通順無障礙，像一堆書本很亂，把它順一順，意思就是把它整理好。

因為資料太多，沒有辦法一一講，現在跳到卷廿二（五百五十六至五百五十七頁），告訴你們修行，修定的道理。

修行人最須注意的事

「復有異門，謂佛世尊，此中略顯三種戒性：一受持戒性，二出離戒性，三修習戒性」。

這是講戒律與修行的重要，佛告訴我們，聲聞地有三種戒性。一「**受持戒性**」，這是戒律上的，心念的行為，以現代的學問來講是心理行為。其實我們一切凡夫起心動念的心理行為都與戒有關，尤其是一個學佛的人，心理行為要先轉，這叫作接受憶持戒性；二「**出離戒性**」，就是跳出三界；三「**修習戒性**」，慢慢練習轉成善根，而修成佛。

「**謂若說言安住具戒，由此顯示受持戒性**」。

出家男女二眾真正接受了具足戒，就是受了戒，聲聞地暫時不談菩薩戒。

「**若復說言，能善守護，別解律儀，由此顯示出離戒性**」。

別解脫戒是一個特別的戒，一個本來的普通一般人，現在穿了如來衣，出離了世間，所以叫作別解脫戒，這與凡夫法菩薩道是有差別的，這也就是「**出離戒**」。守護修別解脫戒，意思是為了快速出離世間。

「**所以者何，別解律儀所攝淨戒，當知說名增上戒學，即依如是增上戒學，修增上心，增上慧學**」。

別解脫戒是一種增上戒，增上緣，使你起心動念，起善行，依戒而行，念念不敢亂來，而都學善法之學，能很快的成就。這樣你心就在轉了，心轉了自然得定；雖不談定，定就在其中了；有了定自然得慧。所以這個裡頭沒有講到定，知道了吧？否則你會奇怪，怎麼少一個定呢？在什麼地方定啊？定是心定，修「**增上心**」學，定就在其中了。

「**由此能得一切苦盡，究竟出離**」。

為什麼出家？出家可以跳出三界之苦縛，離苦得涅槃之樂，所以能得一切苦盡的解脫，畢竟跳出三界。

「如是出離，用增上戒以為前行，所依止處，是故說此別解律儀，名出離戒性」。

要想真離苦得樂，跳出三界，只有用增上戒，增上就是加工，有加工就快了。以增上戒做前鋒部隊，然後才能跳出三界，所以說別解脫戒，就是出離三界之戒律。

「若復說言，軌則所行皆悉圓滿，於微小罪見大怖畏，受學學處」。

再說修比丘、比丘尼戒，內在與外表行為，以及作人的標準，初步就算上了圓滿成就的軌道。受了別解脫戒會有什麼結果呢？注意！真正受了戒的人是真懂得戒，自己心裡動一點小錯誤念頭，就知道害怕因果，怕犯大罪。永明壽禪師說：「隔墻聞釵釧聲」，已經犯了淫戒。隔著墻壁，聽到高跟皮鞋聲，想到這是女的，走路很輕，三圍一定很好，你早就犯淫戒了。有分別心就犯戒了，貪瞋癡慢疑都是如此。

譬如你問，你們這裡有贈送的佛書嗎？給我一本。這是犯了貪戒，嚴格的講是如此。所以真正心行之戒，不只出家人要這樣，真正學佛的人都必須如此。平常於起心動念處，「**於微小罪見大怖畏**」，要在這個地方學，才是真正學佛修行。「**由此顯示修習戒性**」，為什麼要受戒、守戒、修戒呢？是要轉這個業根，這也是屬於種性地的內容。

「**所以者何，若由如是所說諸相別解律儀，修習淨戒，名善修習，極善修習，如是一種尸羅律儀，現前宣說，當知六種**」。

尸羅就是戒律，以大乘菩薩來講，只要守好一個戒律，包括六度等等都在內了。

「**又即如是尸羅律儀，由十因緣，當知虧損，即此相違十因緣故，當知圓滿。云何十種虧損因緣**」。

講到戒律，心理的行為，有十種因緣是有虧損的，那樣就不是修行人。如果沒有這十種過失，而且心行戒律圓滿，才是真修行人。這一段要特別注意。

「**一者最初惡受尸羅律儀**」。

「**惡**」是厭惡的惡，「**惡受**」，受戒不是真心去受，心中討厭戒，可是既然要想出家當和尚，當住持，當當家，不能不受戒；有人為了想當居士，不能不去受三皈五戒。如果是這樣的動因來受戒的，基本上這一念的錯誤，三大阿僧祇劫都轉不過來。雖是微小的一念，但因果太大了。

「**二者太極沉下**」。

整天昏頭昏腦的，在昏沉中，「終日昏昏醉夢間」，昏沉散漫，光想睡覺，書也讀不會，教他也教不會，一天到晚莫名其妙，雖不像豬老兄一樣，已經與孫悟空的師弟差不多了。不好的，要注意。

「**三者太極浮散**」。

心太散亂，東想西想，偶爾有一下清淨，多半都在散亂中，或發脾氣，貪瞋癡慢疑一齊來，我們大家自已檢查一下吧。

「**四者放逸懈怠所攝**」。

「**放逸**」就是任性。年輕人很任性，說什麼民主時代，我愛怎麼樣就怎麼樣，說這個是解脫，其實是任性。「**懈怠**」是馬虎，作人做事絕不可馬虎。有人雖在佛學院學習，但是放逸又懈怠，滿口佛話，一臉佛氣，其實似是而非，糊里糊塗，只是把佛學名辭記住，有什麼用？如果你經常很任性，很馬虎，那根本不要談戒了，對於戒行已經有所虧損了。

「**五者發起邪願**」。

現代有一位禪師，發願要帶領多少比丘到龍宮，向龍王那裡取寶，要救濟這個世界的貧窮眾生。我當時看了這個語錄，當然不是虛構，他還是當代大禪師，他發這個願不是笑話嗎？這叫作「**邪願**」。所以有些人修持想修到神通，能十八變，把衛生紙一變可成鈔票，然後蓋個大禪堂，這也是邪願。你們同學當中有人看到老師沒錢，就發願要去弄點錢來給老師做事。我如果要錢的話多得很，我為什麼不要？注意！你們要參話頭，我由頭到腳底心全身都是話頭，你們好好參一參吧！關於「**邪願**」，錢是一個問題，其他你們的邪願多得很，有些還想放光動地的給人看。有一個密宗行者，他自己說在印度著作一本密宗的書，寫書時常放光，大地六種震動。我也告訴他，我在台灣寫書也是六種震動，也放光！這些都是邪見、「**邪願**」，大家一定要知道。

「**六者軌則虧損所攝**」。

不規規矩矩的作人，不規規矩矩守戒。

「**七者淨命虧損所攝**」。

不是淨命活著的，譬如有些出家人掛牌算命看相，看風水，這不是「**淨命**」，而是邪命。除非是在家或出家大菩薩，可以做為方便外，其他修行人都不可以。中國廟子的抽籤都是勉強用的。所以邪命活著就是淨命的虧損。

「**八者墮在二邊**」。

空是一邊，有也是一邊，不落空就落有，結果落入一邊了，空也空不了，有也有不來，墮二邊已經是過錯了，我們一切凡夫甚至有墮三邊四邊的。

「**九者不能出離**」。

真要修行，真要了生死，跳出三界外的心沒有發起的話，就是犯戒。

「**十者所受失壞**」。

所受的戒都沒有守，整個戒都沒有了。

你出家的動機是什麼

「云何名為最初惡受尸羅律儀。謂如有一王所逼迫，而求出家，或為狂賊之所逼迫，或為債主之所逼迫，或為怖畏之所逼迫，或不活畏之所逼迫，而求出家，不為沙門性，不為婆羅門性，不為自調伏，不為自寂靜，不為自涅槃而求出家，如是名為最初惡受尸羅律儀」。

彌勒菩薩有解釋，他說出家的時候第一個動機不對，就是犯戒。譬如剛才提到的窺基法師，是唐太宗要他代出家；又小說《濟公傳》中，說秦檜要濟公活佛代表他出家。另有人是環境所逼而出家；有些是被強盜捉去，說你出家就不殺你。

又如《禪宗語錄》上記載張獻忠作亂，殺人不眨眼，那時女人纏小腳，他把女人的腳都砍下來，建一個高塔，然後又感嘆說，這個塔很漂亮，可惜沒有塔頂。這時他最愛的，那個最漂亮的第九姨太太，把她自己的腿一翹，撒嬌說：你看我的腳可以嗎？可以。沒想到他真把她殺了，張獻忠是這樣殺人的。四川人差不多都被殺光了，所以現在的四川人，大都是張獻忠以後湖南湖北移民過去的。四川一省比台灣大好多倍，在他殺到重慶時，那位女將軍秦良玉，把師父破山明禪師接來重慶。破山明禪師要人告訴張獻忠，不要殺了，這樣不好的。張獻忠說：好，老和尚吃肉我就不殺。和尚說：一言為定，我吃。和尚真吃肉，張獻忠也真下命令不殺了。你說這個和尚犯不犯戒？當然不犯戒，破山明禪師就有這樣的氣魄，把這樣的魔王就度化了，這是學佛的出家人要效法的。

有人出家是被債主逼的，欠了人家的債，欠債不一定是欠錢，青年男女講戀愛失敗灰心了，這也是債主所逼，情債也是債。有人是為了怕病死，或者怕其他威脅的事而出家。有些人是怕活不長想出家，要佛菩薩保佑多活幾年，這不是為「了生死」，是怕死。這樣的人也不是出家的本分，這種出家不是沙門性，不是婆羅門性。換句話說，真正的出家，是為了調伏自己，為了修行證道，為求寂靜，為求涅槃；如果不是的話，則叫作「**最初惡受尸羅律儀**」。

下面的九個因緣，重點告訴你修定。現在翻回來，看第十一卷，〈本地分中三摩呬多地第六之一〉，二百三十一頁。

「**已說有尋有伺等三，云何三摩呬多地。嗢柁南曰：總標與安立，作意相差別，攝諸經宗要，最後眾雜義。**

若略說三摩呬多地，當知由總標故，安立故，作意差別故，相差別故，略攝諸經宗要等故」。

你們在這裡靜坐一兩個月，為什麼坐不好？為什麼不能得定？我們看這段經文，把修定、修慧到成佛的諸宗要點都告訴你了。三摩呬多地以「**總標**」、「**安立**」、「**作意差別**」、「**相差別**」四點來講，是說明諸宗的要點，最後把修行一切「**雜義**」，就是把修行用功有關身心，生理、心理各方面，都加以解說。

「**云何總標。謂此地中略有四種，一者靜慮，二者解脫，三者等持，四者等至**」。

總標就是總綱。所謂修三摩地，其中包括了四種意義，和四種境界。得定是解脫，修道學佛要得解脫，要解脫必須要得定。不過，光有定沒有得慧是外道禪，必須定慧等持，也就是定慧都到了，福德智慧也成就了。現在先看總綱，其中包括靜慮、解脫、等持、等至，共有四項。

四種靜慮　八種解脫

「**靜慮者，謂四靜慮，一從離生有尋有伺靜慮**」。

四靜慮就是四禪定。離生喜樂是初禪，想離開這個現實的生活世界，心裡想解脫，就是尋伺地。玄奘法師用這兩個字翻譯，一定是用盡了苦心；唐朝以前的翻譯是「有覺有觀」。玄奘法師認為，有覺有觀翻譯得不妥當，應該翻為「**有尋有伺**」。「**尋**」是尋找，假如地下有個東西，拿手電筒去找，就是「**尋**」的境界。

再說「**伺**」，當你尋找東西時，兼帶有觀察等待的作用，這叫「**伺**」。

我們的心理就是「**有尋有伺**」，打起坐來，不是找一個空的境界，就是呆呆坐著，等著，想得定，所以整天都在「**有尋有伺**」的境界中。進一步就是「無尋有伺」，心不找了，呆呆的坐著，心有點像昏昏迷迷的，這是無尋有伺了。這心理現狀講得多好啊！下一步才到「無尋無伺」。

什麼是尋伺地的境界？本論的卷九、卷十有說明，分為三地，一是有尋有伺地（初禪），二是無尋有伺地（中間禪），三是無尋無伺地（二禪、三禪、四禪），然後再到有心地，再到無心地《瑜伽師地論》把修行法門統統告訴我們了，這是彌勒菩薩的大慈悲。

「**二從定生無尋無伺靜慮，三離喜靜慮，四捨念清淨靜慮**」。

現在講初禪的「離生喜樂」，是屬於有尋有伺地，在到達二禪「定生喜樂」的階段，就是無尋無伺地了，一切妄念不起，定境界來了，所以是無尋無伺了。第三禪「離喜妙樂」，第四禪是「捨念清淨」，都屬於「**無尋無伺**」地。出家修行求道，不得四禪定則免談證果。拜佛、唸經、打坐，那是修加行，是修行的邊緣階段工夫。得了定，戒定慧皆在其中了，一念不生處，戒體清淨，聲聞乘的道業就有基礎了。所以唯有得定，慧才能發起來。所以告訴你們要真修禪定。

「**解脫者，謂八解脫，一（內）有色觀諸色解脫**」。

在教理上，原始翻譯叫作「八背捨」。不用佛學名辭的解釋，以世俗的話來講，就是在現實世界的欲界生命，色身的內在（五臟六腑），觀一切物質，如修不淨觀、白骨觀，達到空淨而得解脫，也可以說進入初禪了。

「**二內無色想觀外諸色解脫**」。

這是說色身的內在，色法的障礙清淨了。「**色**」指四大，在定境中四大空淨了；「**想**」是沒有妄想了，也空掉了；再觀外面的物質世界，也相等的清淨，得到解脫，也可以說進到二禪了。

「**三淨解脫身作證具足住解脫**」。

身心內外都明淨都空靈了，即身從三禪達到四禪的境界了。學佛不是吹牛，不是只講理論。不過你們出去講經講教理，可不能這樣講，最好還是拿些佛學名辭來註解；我這裡教育方法不同，是要培養你們真修實證。你們如果也照我這樣講，人家問你身心變化的真實問題，你答不出來，身體也不能作證，就有問題了。這三個解脫偏重色身解脫。

「**四空無邊處解脫**」。

過了四禪定，證到了空無邊處。

「**五識無邊處解脫，六無所有處解脫，七非想非非想處解脫，八想受滅身作證具足住解脫**」。

這是偏重於心念的解脫，超越了八解脫之後，就進入滅盡定。

定慧等持

「**等持者，謂三三摩地，一空，二無願，三無相**」。

在一靜慮，二解脫之後，第三是「**等持**」，有說這是大乘的三法印，就是定慧等持（小乘說法不同）。「**空**」，《金剛經》講三心不可得，譬如布施，如果住相就不對了。大乘一切經典，一切法門之法印，就是空、無願、無相。

無願也叫無作、無住。所謂無住，是一切無住。譬如六祖悟到「應無所住而生其心」，他是由無住的法門進入的，但他當時還沒有徹悟，只是初悟，悟了一點點，所以他作了一個偈子：

菩提本無樹　明鏡亦非臺
本來無一物　何處惹塵埃

他的偈子是好，但是屬於半調子，只悟到空；至於由真空起妙有的功用，是五祖夜半以袈裟圍著，再給他講一道《金剛經》，他才大徹大悟，悟到一切萬法不離自性。所以他就講：「何期自性本自清淨，何期自性本自具足，何期自性本不生滅，何期自性本無動搖，何期自性能生萬法」。到了何期自性本自具足及能生萬法時，空有雙融，非空非有，即空即有，就是大徹大悟。現在講禪的，抓到雞毛當令箭，只講本來無一物，也就是只講空的一面。所以後來有一個祖師悟了道，作個偈子幽默六祖說：

六祖當年不丈夫　請人書壁已糊塗
分明有偈言無物　卻受他家衣鉢盂

「**復有三種，謂有尋有伺，無尋唯伺，無尋無伺**」。

這三種境界是我們的心理，我們都在「**有尋有伺**」的境界上，我們像狗找食物一樣，到處找；栖栖遑遑如喪家之犬，想找個空或有的境界，坐在那裡找，空境界找不到，有境界也找不到。對不對？都在「**有尋有伺**」中，好煩惱啊！真正大徹大悟以後，煩惱不煩惱呢？完全「**無尋無伺**」嗎？你們看禪宗林酒仙的偈子：

揚子江頭浪最深　行人到此盡沉吟
他時若到無波處　還似有波時用心

懂了吧？這幾句已經把「**等持**」法門都包括了，從「**有尋有伺**」到「**無尋無伺**」，「**等持**」的境界已經都在其中了。「揚子江頭浪最深，行人到此盡沉吟」是「**有尋有伺**」的境界，「他時若到無波處」是「**無尋無伺**」的境界，「還似有波時用心」是還要參究觀照清楚。所以真得定以後，在凡夫境界裡也是定，乃至唱歌跳舞，跑馬打球都在定中，那才叫如來大定，真得了解脫。你以為光打坐才叫定嗎？那是初步讓你練習定的。

「**復有二種，謂一分修，具分修**」。

定境界，從某一個法門就到達了般若一切法門，像六祖當年聽了一句話「應無所住而生其心」，就入般若法門，就是「**一分修，具分修**」。像《指月錄》上很多祖師，有些祖師從教下戒定慧，幾十年慢慢修而大徹大悟，所以各有因緣，不一定。

「**復有三種，謂喜俱行，樂俱行，捨俱行**」。

修定境界又有三種相，就是「**喜**」、「**樂**」、「**捨**」。有些人根器不同，一學佛，一修行，哈哈一笑，一歡喜就得定了，而且他總是喜相；不像我們打坐起來，滿堂死相。有些人一修定，生理上就得樂，有些人一修定就入捨相，一上來就空，這些都可以進入定境，無論修顯修密，任何宗派都是一樣的。密宗後來叫作樂、明、無念。「**喜**」、「**樂**」、「**捨**」又叫空、樂、明。

第三講

聖人的定境界

你們是不是真的要修行求證？如果不在真實求證，我認為你們聽這個課，是對自己的一個虐待，也是浪費時間；如果真在修證上有追求，要真正實驗的，則要特別注意這幾段，這是提起大家的注意。

「復有四種，謂四修定。復有五種，謂五聖智三摩地。復有五種，謂聖五支三摩地。復有有因有具，聖正三摩地。復有金剛喻三摩地。復有有學、無學、非學、非無學等三摩地」。

這是聖人的境界，證得道的三昧。三摩地這個名辭，歷來習慣性解釋為定境界，實際上是一種定慧的境界，說它是定就太籠統了，要注意。現在講的五種四種，還是歸納起來的定境，都在上次所講「**等持**」的範圍中。下面再逐條解釋這幾種定：

「**五聖智三摩地**」是悟了道的定，有五種，以後會說到，這裡只是提綱要。所謂「**聖**」，是已經悟了道的，到了聖人的境界。悟了道並不是說不修了，悟道以後正好修道，所以禪宗的五祖告訴六祖說：「不見本性，修法無益」。怎麼叫修法無益呢？譬如拜佛唸經都是修行呀！這些嚴格的講，只不過是修加行位的初步。正修行是由戒到定到慧，而定在中心，所以三摩地是定慧之中心。

「**聖五支三摩地**」，初禪聖五支是尋、伺、喜、樂、心一境性；三禪也另有五支，這五支就是定境的五個狀態。

「**復有有因有具，聖正三摩地**」，聖正是佛法的正知見，「**有因**」是說前生已經修過，有根性了，這一生又悟了道，具備了聖人的資格，是這種人所修的定境界。

「**復有金剛喻三摩地**」，這是十地以上菩薩的境界，是說到了十地菩薩以後，得金剛喻定，是永遠顛撲不破的。「**喻**」是比喻，比喻像金剛一樣，破掉了最後一品無明才是成佛。依顯教道理，要經三大阿僧祇劫才能成佛。最後一品無明是哪一品？最初的就是最後的，這個以後再說。身相是最初要破的，未入定就要先破除身相。譬如你們打起坐來，已經沒有身體感覺了，那還是最初的，那連金剛喻定的邊緣都還摸不到。

「**復有有學、無學**」定，像你們現在這一支香坐得好，好像自己還蠻用功的樣子，那是瞎貓碰到死老鼠，是那個境界來碰你。這是聲聞地的有學地的定，還正在學。到了無學地，已經快到小乘阿羅漢境界，就不要再學了，但是還不是果位，還沒有證果。還有一種「**非學、非無學等三摩地**」，算不上定，可是不能說他沒有定境，是有定境的。

「**等至者，謂五現見三摩鉢底，八勝處三摩鉢底，十徧處三摩鉢底，四無色三摩鉢底，無想三摩鉢底，滅盡定等三摩鉢底**」。

有些真成就的人，每一個定境都知道，且都經歷過，而且自己要入什麼定就入什麼定，要入凡夫定，就可以進入凡夫定，就是「**等至**」；「**三摩鉢**

底」是定慧等持；「**五現見**」是現量境界；「**八勝處**」（八解脫）乃至大阿羅漢「**滅盡定**」等等的定慧等持。

下面這一篇的內容都是講這些，這些是屬本論〈聲聞地本地分〉當中的三摩呬多地第六項的一部分，本題目要記得。前面所講的都在「總標」內容內，下面是三摩地第二項「**安立**」。

什麼叫作定境，定是怎麼建立的？譬如現在一般人打坐，或守個肚臍，或眼對著光啦，或者注意呼吸，坐在那裡當會計，一、二、三……數呼吸，像會計數錢一樣，然後數了半天，又掉了，又抓回來，這叫作數息觀。或者修身體的氣脈啦，或者是唸些咒子啦！根本談不到定。再不然搞氣脈，什麼河車通了，背部又轟一下，都是在那裡搞感覺，浪費時間。不修氣脈還好，一修卻修了一身病，不是精神旺盛起來，就是什麼地方出毛病，可嘆又可憐。

在台灣以及國外各地，幾十年來，你統計一下，從大陸來的密宗、道家，當時都是風行一時，不到三年都銷聲匿跡了。什麼大師，什麼神仙教主，不是高血壓、腦溢血，就是精神分裂，不少都是這樣死的。當然我什麼都不是，既不是教主，也不是神仙，我只算是一個凡人，所以可以隨便亂講。但是你們要注意，都以為打坐就是修定，打坐只是練習修定的基本，屬於必要的階段而已，連心念都不能清淨，還能談定嗎？

等引地——入定需領引

「**云何安立。謂唯此等，名等引地**」。

為什麼佛法講必須要修定？定叫三摩地，在邏輯的理論上，所謂「**安立**」是如何建立這個定。上面所講的這些，叫作修定的「**等引地**」，平等引導的意思。譬如一個輪船進港的時候，要領港的技士前來開這條船，因每個港口碼頭的形勢不同，所以要領港的引進。當我們要進入定的境界時，也需要引領，非走這一條路不可，沒有第二條可走，這就是「**等引地**」。

「**非於欲界心一境性**」。

但是我們大家都還在欲界中，欲界最重視飲食男女，所謂你愛我，我愛你，愛呀！情呀！我在大學裡講課時，有同學站起來問：老師，什麼叫愛的哲學？我說：什麼是愛？那是荷爾蒙作怪，愛是自私主義，我愛你就愛你，我不愛你就不愛你，都是因為一個「我」。我為什麼會產生愛呢？是身上荷爾蒙在作怪。當一個人病得要死，荷爾蒙都衰退了，他還愛不愛？欲界不只男女之欲，一切好看、好聽、好吃、喜歡的，都是欲。

要想得定，「**非於欲界**」，不是在欲界能得定的，必須跳開了欲界，要「**心一境性**」才能得定。你們自己衡量一下，看自己有沒有跳出欲界；不要認為自己在這裡學佛，或者已經出家，就是跳出欲界了。不要做夢了，欲界哪有那麼容易跳出來啊！看到一個蘋果帶香蕉味的，口水直流，食欲就來了，這就是欲界。看到床，心想躺一下一定舒服的，是觸的欲界來了；環境不好，空氣不流通呀！這個也是欲，色聲香味觸法都是欲。要等到好空氣才能打坐，那叫什麼定？鬼定！不要自欺欺人了。故「**非於欲界心一境性**」，定不是這樣的，要「皈依法，離欲尊」，所以得定者，不是在欲界裡頭心一境性。

「**由此定等，無悔歡喜安樂所引**」。

由於這些定的關係，心中是無悔又歡喜的。你們打起坐來有沒有後悔呀？有沒有後悔出家，後悔到這裡來聽課？今天做一點事後悔，明天做一點事後悔，作人做事隨時在後悔中，在錯誤中，就是「**悔**」。你們打坐有沒有「**歡喜**」？有沒有喜歡？歡喜與喜歡有差別，中文要搞清楚。喜歡打坐是好偷懶，因為別的事可以不做了；歡喜是打起坐來，心境上有無比的快樂。人到了歡喜境界，看到仇人，都是歡喜慈悲的，只有慈祥、愛護，這叫歡喜心。

你們打坐有「**安樂**」嗎？雙腿又麻又痛，身體上不舒服，隨時後悔、不歡喜、不安樂。如果心理上沒有真正達到「**無悔**」、「**歡喜**」、「**安樂**」的境界，就說已經引發了定境，那是在做夢，不管修哪一宗都修不成的。為什麼心理上沒有這個境界呢？因為你福德智慧資糧不夠，道德行為沒有成就。偶然打坐坐得很好，儼然像個修道學佛的人，那都是裝模作樣。所以定境界是「**無悔**」、「**歡喜**」、「**安樂**」所引發的。

「**欲界不爾**」。

欲界裡是不令人歡喜的，你們現在的欲界是喜歡聽《瑜伽師地論》，這也是一種欲。外面的跳舞場、歌廳，你去看看，他們外表歡喜得很，實際上一點都不歡喜，不信的話你到歡場去調查一下。

像這裡這位法師，他在國外長大，他有經驗，越到歡場，人的心境越痛苦，這是欲界。所以欲界裡做不到「**無悔**」、「**歡喜**」、「**安樂**」。在欲界認為歡喜高興的事，都是自欺的心理，沒有真正的快樂；真正的快樂幸福，只有出離三界，究竟涅槃。所以涅槃是常、樂、我、淨，是極樂世界；欲界裡不是極樂世界，所以「**欲界不爾**」，欲界中沒有這些境界。

「**非欲界中，於法全無審正觀察**」。

在非欲界中，對於道的了解仍不究竟徹底。這樣說的話，跳出欲界就成佛了嗎？不對。到無色界也不能成佛，因為沒有欲的刺激，產生不了正面的智慧，就連在無色界也是不能成佛的。中國人有句話，「生個孩子沒有三災八難」，這句話是從佛學來的，唐朝以後才有的。小三災是刀兵、瘟疫、水火；大三災是風災、水災、火災，這是講物理世界的災難。至於八難，長壽就是一難，人活得長壽是苦難，尤其老人家活到九十多，一百多歲，兒女子孫也許都不在了，如果沒有修道，沒有道的話，那比孤兒還苦，所以長壽是一難。生在天道中也是一難，因為太享福了，沒有苦的一面來刺激，不會想要修道。所以無色界中也不能成道。

剛才一位同學說，他看佛經看不懂，我說我也一樣看佛經呀！因為你們沒用腦筋，「**全無審正觀察**」，所以看不懂。

初靜慮——先消除五種心理

「**復次，初靜慮中，說離生喜，由證住此，斷除五法，謂欲所引喜，欲所引憂，不善所引喜，不善所引憂，不善所引捨**」。

你們研究心理學哲學的，研究心理行為、政治行為、教育、經濟、軍事，一旦融會貫通，樣樣就都會懂了。下面再詳細解釋這幾句話。

「**初靜慮中，說離生喜**」，第一步，初禪靜慮定的果得到了，初禪是心一境性，發起了出離心，離開這個欲界，昇華了，內心無比的歡喜來了。

喜是心理作用，你們打坐心裡喜不喜呀？一點都不喜，尤其這裡規定打坐時間，初初來的第一個月，你們一定後悔不已，現在慢慢習慣了，當初有沒有後悔？（同學有人答：有。）說有是老實話，當初是，「早知如此，悔不當初」，怎麼上了這個當啊！所以不但沒有喜，還有苦惱，甚至還怨恨。像某教授當年學打坐一樣，心想大家真是一批無用的東西，吃飽了盤腿坐在這裡。但是當他有一點定境感受的時候，才生出離心，生出了喜悅。這個喜悅不只是打坐的時候才生出來，隨時隨地心裡都是喜悅的，一看這個人的臉，也都是喜悅的。再看社會上的人，都是一臉討債的面孔，好像欠你多還你少的那個樣子；我們一堂人也是一樣，一臉討債相，沒有一點喜容。所以真講學佛，一切日常生活行為，都要注意慈悲喜捨。你們還自稱學佛呢！你們臉上的細胞，慈悲喜捨都找不出半分，一望而知，都是沒有修持的人。

「**由證住此，斷除五法，謂欲所引喜**」，這五種不健全的心理，得了初禪定就可以解脫了。我這樣一解釋經文就可以看懂了吧！先說欲界所引起的喜，如愛喝酒的人，一看到酒就眉開眼笑，就是「**欲所引喜**」。

「**欲所引憂**」，這是心理上的，請問你們想不想發財？（同學答：想），想就是欲啊！但發不了財，煩死了，這是欲所引起的憂愁。你們想不想學問好？文章寫得好，什麼學問都懂？（同學答：想。）這也是欲啊！結果你做不到，煩呀！就是「**欲所引憂**」。

「**不善所引喜**」，如按摩，按摩與揍人是一樣的，人的身體，輕輕拍打，好歡喜，叫作按摩，重了叫作受傷害。如拍小孩子是愛的表現，如果拍打重一點，就不舒服了。我們所喜歡的事都是不善所引的，如香港腳癢了，把它一邊捏，越捏越有味道，這是「**不善所引喜**」。所以哪個是善法，哪個是不善法很難講。心理學上說，人有被虐待的病，其實我們每一個人都喜歡被人家虐待，這就是「**不善所引喜**」；相反的就是「**不善所引憂**」。

「**不善所引捨**」，惡法所引捨，是碰到萬事不如意時，只好丟開了，「唉！我看空了」，這不是看空了，是不善所引起的捨，只好丟下。如果你得意了，你會丟下嗎？你會看空嗎？你會把頭髮剃掉嗎？恐怕不會吧！這是真話。

這五法都是屬於世間的，嚴格講都是非善，也是欲界中的普通心理行為。這五法還是原則，真學心理學的，就可以寫一部專書，舉例找很多資料，這些心理狀況要得到初禪才能斷除。不得初禪定的人，都在這五法裡頭轉，所以你要深入的了解，觀察自己心理行為，這也是戒。但是守戒律有些是壓制性的，非究竟的，除非得了初禪定，這些心理行為才可以轉得過來。如果這五法解脫不了，不能進入初禪。

「又於五法修習圓滿，謂歡、喜、安、樂及三摩地」。

因為修習五法，得初禪定，「**歡**」、「**喜**」是心理的，「**安**」、「**樂**」是生理的，要弄清楚。我們大家活到現在，自己想想看，每天心裡歡喜嗎？都不歡喜，身體也不安樂。要想使身心歡喜安樂，除非得初禪定。但是得定是「**修習圓滿**」來的，並且要達到三昧境界。如果沒有細心觀察，一定找了半天五法，看看只有三法，沒有五法，所以要仔細觀察。

什麼是入魔

「欲所引喜者，於妙五欲，若初得時，若已證得，正受用時，或見，或聞，或曾領受，由此諸緣，憶念歡喜」。

人在世界上妙的五欲，就是色聲香味觸。修定時要注意，打坐修禪定的時候會碰到「**欲所引喜**」，普通叫作魔障，入魔了，就是走火入魔。武俠小說中就有走火入魔的例子，有一部武俠小說，寫浪子回頭去修神仙，修到快要成仙時，師父拿境界試驗他，結果入魔了，也就是阿賴耶識的業識種子爆發了。

你們打坐為什麼有幾天好，幾天又不好？像你說，今天坐得很好耶！下一句不要說，我已經知道，你明天就糟得很。其實那正是要進步的一個過程境界，是你自己阿賴耶識的習氣種子本身，變成魔障誘惑你。魔境的出現，有時是在剛剛要進入定境時；有時是在已經進入定境界，正在定境中，忽然看見或者忽然聽見的一個境界，感覺好舒服，像小時候媽媽抱我一樣舒服。

然後越想越歡喜，本來是在定中，結果慢慢走入那個歡喜境界，也就是魔境界裡了。

「**欲所引憂者，於妙五欲，若求不遂，若已受用，更不復得，或得已便失，由此諸緣，多生憂惱**」。

不修定還好，一修定就想起當年許多事……引起許多煩惱憂愁。想爸爸，想媽媽，想小時候，想當初我如能跟那人結婚，現在也免得在這裡打坐，越想越苦惱，然後坐不住了。這都是在你快要入定時呈現出來的。那就是魔障，是你的自心魔自己，阿賴耶識的種性業力所引發的。

其實你真懂了，世間法作人也是一樣，一個做事業的人，當事業快要成功的時候，魔障就來了。就在你最後一分鐘，忍得過去就成功了，忍不過去就失敗了。所以出世法、世法都是一樣，事情常在要成功的那一剎那間，與學佛一樣，那相纏的魔境界就來了。你要看清楚才行，要以大智慧認得清，咔嚓一個劫數就過去了，不然就全垮了。等於你打球、開車、跑步，最後一秒鐘過去，失敗就失敗了，前功盡棄，學佛也是如此，甚至更難。這不是理論，不是光在那裡搞佛學，有什麼用？這個地方要注意。

因喜因憂而造的惡業

「**不善所引喜者，謂如有一與喜樂俱而行殺業，乃至邪見**」。

彌勒菩薩說得多詳細呀，每一個心理，每一個修行行為，一點一點都說到了，無比的慈悲，生怕後人不清楚。舉個例子，假定有一個人，喜歡、快樂同時來，結果犯了殺生戒，乃至邪見，這就叫作「**不善所引喜**」。大家想想自己有沒有犯？講個故事給你們聽。

五戒裡頭有一戒不飲酒，原始佛陀沒有規定不喝酒，有一位受戒的居士喝醉了，就偷了隔壁的雞，用雞肉下酒，越喝越有味道，更醉了。這時隔壁太太跑來找雞，這個喝醉的人就把她姦淫了。因酒而犯了戒，殺、盜、淫、妄，都來了，佛因此就制了酒戒。中國道家和密宗不戒酒，但是有個限制，喝醉了才是犯戒，不喝醉不算犯戒。中國文人有些很高明，如鄭板橋等等，「酒能養性，仙家飲之。酒能亂性，佛家戒之。我則有酒學仙，無酒學佛」。所以一個酒戒可以引犯四個性戒，這就是不善之「**喜樂俱而行殺業，乃至邪見**」。

佛經很難讀，也很難懂，佛的很多東西都在戒律中。在戒律裡，把結婚叫作「聚頭作淫殺」，以現代話來說，公開的淫殺就叫結婚，祕密的偷情叫作犯邪淫戒。公開的姦淫，大家都同意，還蓋了圖章，大家舉杯恭喜，然後殺生，雞、鴨、魚、牛、羊、豬都遭了殃，所以佛家叫它「聚頭作淫殺」。大家聚在一起犯殺戒、淫戒，然後認為這是人道，這也是「**喜樂俱而行殺業**」，屬不善所引起的喜。看起來這件事是喜事，實際上是極不善之行，這就是佛法。

有些人的思想，認為人超過四十都該死，人死後的埋葬會障礙農業土地之生產，燒成骨灰做肥料比較好等等之類的。這也成一種理論，這些則屬於「**邪見**」。

「不善所引憂者，謂如有一與憂苦俱，而行殺業，乃至邪見」。

一個人有憂又有苦，如為報仇而殺人；歷史上也有人吃人的，歷史的正面上看不到，反面這種記錄太多了。碰到天下大亂或大荒年，父親老了，自己自殺給家人吃，以維持大家的生命。所以人類社會的正面非常好看；反面一看，人的思想整個會變，很可怕的。中國人有的認為，吃腦補腦，吃腰子補腰子，吃人肉補人體。像我小時候看到，犯人拉出去殺頭，有個人懷裡揣著饅頭，等到犯人砍頭，血一冒出來，用饅頭一沾就吃下去，據說很補，怎麼補法？不知道。古代的小說上也有，這也是「**邪見**」。

「不善所引捨者，謂如有一或王王等，或餘宰官，或尊尊等，自不樂為殺等惡業，然其僕使作惡業時，忍而不制，亦不安處毗奈耶中，由縱捨故，遂造惡業」。

「**王**」指帝王，「**王**」亦可做動辭；「**王等**」，指帝王下面的諸侯，諸大臣。他們為了治理國家天下而殺人，捨除了善法，一邊殺人，心裡很不願意，是不得已而殺；一邊也要看空。作官的有權在手，譬如像軍閥，隨便殺人。

第一個「**尊**」是尊貴，「**尊等**」這個尊是尊重上面的命令，是動辭，尊重的意思。這些人自己不樂於殺業等惡業，但是下面的人造惡業殺了人。當領導的人雖然不忍心殺人，可是看到下面的人為了自己而殺，覺得大概該殺吧！否則自己的政權就不穩固了，只好嘆口氣，好吧！你既然這樣做了，就算了吧！也不阻止他，因為部下是對他領導忠心而殺人的。領導人如果不指正他，教育他，也就是放縱自己的部下殺人。

以前有位軍閥是土匪出身，他的部下也都是土匪出身，後來投降了官府做軍長。他帶兵要打仗時，站在前面講：格老子，現在要打仗了，誰打了敗仗就是龜兒子。他的訓話那麼簡單，沒有什麼主義，什麼擁護，大家一聽，就去打了。平常部下亂七八糟，沒有紀律，又賭錢，叫他大哥，錢賭輸了向他要錢，他也會給；但是有時候捨不得，就說：你當軍人，我給你一把槍，有槍怎麼會沒有錢？意思是說，你去搶嘛！他就是這樣，放縱部下去造惡業。

「**彼於此業，現前領解，非不現前**」。

他明知道殺人搶人是壞事，但是又不得不縱容部下為他去殺。打仗的時候，誰不造惡業呀？他並不是不知道這是壞事。譬如有一個地方攻打不下來，領導者就要想辦法引發士氣，說：你們給我打下來，放你們半個月假。打下來了，司令官要守信用，只好放半個月假，隨部下自由了。戰場上的人，戰爭一起，都變成一群野獸一樣，所以你們在這裡是好人，在這裡「南無南無」的；我是「無南」出身的，善法、惡法我都清楚得很。你看做壞事的領導人，他對惡法不清楚嗎？他非常清楚，因為形勢所逼，這就是「**現前領解，非不現前**」。

「**又住於捨，尋求伺察，為惡方便**」。

他雖然非常清楚這是壞事，但他捨棄善法了，反而給造惡業的人方便。等於有些小心眼的人，有人得罪了他，非要報復不可，就是能瞪他一眼也好，要使他生氣。你們有沒有這種心理？尤其女孩子，男孩子也差不多，只不過變個花樣而已。人就有這一種壞心理，尤其是越聰明、越調皮的人，這些花樣越多，所以造的業就越重。

「又於諸惡，耽著不斷，引發於捨」。「耽著」就是貪戀，明知道是惡法、惡事，但覺得很好玩。「唉！明天再做一次就不幹了」，一直有個貪戀。「捨」包括兩種，一種惡事做絕了，一種是不肯放棄惡的習氣。

「又於不善現前轉時，發起中庸非苦樂受」。對於惡業，哲學理論就來了，認為天下的善惡沒有一定，苦與樂是相對的。學哲學最容易搞這一套，說善惡是沒有一定標準的，所以做一點惡也沒有關係。中庸之道認為非苦非樂，一切皆是感受，所以有時候學問越高的人，做起壞事越大，因為「學則足以濟其奸」，他們會找許多理由來支持自己的不善行為。

清淨歡喜　安樂輕安

「歡者，謂從本來清淨行者，觀資糧地所修淨行，無悔為先，慰意適悅，心欣踊性」。

「歡」與喜是不同的，是兩種心理狀況，「歡」是表面化，外發的發揮性的。一個學佛修定做工夫的人，如何發起「歡」的心境呢？心念裡不思善、不思惡，此心在絕對清淨的行為裡。在資糧地，就是準備修行證果的前沿，要智慧觀察自己的心行，隨時起心動念，都在不思善也不思惡的境界上。日常生活之間，不做令人後悔的事，所以無悔恨之心。也就是無喜無憎，一天到晚平平靜靜的生活，沒有錯誤的行為。「慰意適悅」，自己意境上很愉快，由意識上的平安愉悅，引發心理深處的歡喜、快樂，這叫「歡」。

所以人逢喜事精神爽，中國人講歡喜境界有四句話：

久旱逢甘雨　他鄉遇故知

洞房花燭夜　金榜題名時

夏天好久沒有雨，突然來了豪雨，大家都歡喜；在外流浪十幾年，碰到同鄉很歡喜；結婚的時候當然歡喜；功名考上了更歡喜。不過，有人後面加吊腳詩：

久旱逢甘雨——光打雷
他鄉遇故知——是冤家
洞房花燭夜——是石女
金榜題名時——是候補

本來是歡喜的，都變成不歡喜了。

「**喜者，謂正修習，方便為先，深慶適悅，心欣踊性**」。

你們禪堂打坐，在那裡又搞氣脈，觀想又觀不起來，都不是「**正修習**」。「**修**」是修行，「**習**」是練習，是要有真正的方便來修習，所謂方便就是方法，沒有方法當然不能得定。因為得了方便，又與自己非常相合，就容易得定，修行就上路了，心裡頭很高興。八萬四千法門，得了一個法門，又得了方便，很歡喜，這是「**喜**」。

「**安者，謂離麤重，身心調適性**」。

你們現在打坐，身體都在粗重難受的境界。工夫到了，身體輕盈了，離了粗重，心裡安詳，也沒有什麼雜念，調適得非常舒服，這樣叫作「**安**」，是輕安境界，還不是定。一般人得了輕安，已經非常了不起了，常常以為自己得了定，不是的，這只是輕安而已。不過，由此可以入定，得正三昧，所以你們修行，先要把教理搞通才來修行。不然打起坐來在睡覺，以為自己得定了，那樣他生來世的果報，可能是畜生道的豬。

「**樂者，謂由如是心調適故，便得身心無損害樂，及解脫樂**」。

什麼是「**樂**」？究竟的快樂，由於身心調適好了，離開了粗重，一身輕，坐在那裡柔若無骨，身忘了，心中也無妄想雜念了。心理、生理，得到了「**無損害樂**」。你們現在坐起來是有損害苦，腿壓得氣血不通，不是受了損害嗎？身心處處都受損害，所以沒有得樂。如果得到「**無損害樂**」，進而也得了「**解脫樂**」，解脫了身心障礙煩惱，才叫作得安樂。

「以離彼品麤重性故，於諸煩惱而得解脫」。

由於身心都得到了解脫，離開生理上的粗重障礙、心理上的妄念、煩惱，所以得到了真正解脫。得了解脫才成為一個真比丘，一個真正進入聲聞地的出家人。

修定的初步

「三摩地者，謂於所緣審正觀察，心一境性。世尊於無漏方便中，先說三摩地，後說解脫。由三摩地善成滿力，於諸煩惱心永解脫故。於有漏方便中，先說解脫，後說三摩地。由證方便究竟作意果煩惱斷已，方便根本三摩地故。或有俱時說三摩地及與解脫，謂即於此方便究竟作意，及餘無間道三摩地中，由三摩地與彼解脫俱時有故」。

這一段你們千萬要抄下來，既然學佛出家，這是正修行之路，不管你修哪一宗，不照這條路修，皆是魔說；照此道修者，名為佛說。我鄭重的告訴你們，「此為法王法，法王法如是」，聽到沒有？這些話如果有業障，有魔障的人，就聽不進去，或者聽不懂，或是失念沒有聽到。這一段非常重要，下面逐句再加解釋。

「**三摩地者，謂於所緣，審正觀察，心一境性**」。我講累了，你們哪位代我講講看，講錯了沒有關係，當學生誰不錯？到了無學地才可以說少錯，在有學地是會有錯的，何況你們有學地都談不上。初果羅漢到三果羅漢還是有學地，到了四果大阿羅漢得了滅盡定，才是無學地，所以你們儘管講，講錯不要緊。

（有幾位同學起來講，講後老師總結）

講不出來的同學更要注意，就可知你們本來就是糊塗，修的什麼啊！注意！你們為什麼修定不能得定？我平常要你們注意教理，不管修止觀、參禪、唸佛，或是數息或密宗觀想，修定必須以所緣來修。如唸佛，這一聲佛號就是你修定的所緣。又如修白骨觀，從腳趾頭白骨觀起，這個白點就是所緣。假使修密宗任何本尊的修法，觀菩薩像，或觀一隻手或一隻眼，就是所緣。

所謂修定，是意識境界先要有一個所緣，或緣境而修，或緣影而修。雖然有經論上說，六塵緣影都不是，那只是講見本性的事，不是講修定做工夫；如果講做工夫，必須意識上先起一個緣來修。如果基本上錯了，一路就全錯下去了。譬如你們，有幾位是一部分對，一部分不對，因為邏輯因明不清楚，也就是整個理沒有清楚之故。所謂「**於所緣審正觀察**」，就是意識的注意力，要定在所緣上。

所以唸佛一聲，就是意識所緣在這一聲佛號上；觀想時，意識起修在觀想上；看光時，眼根起修，意識配合在光上。在這個所緣境「**審正觀察**」，這個時候是作意修；修行的初步本來就需要作意，作意要使它成功才是。譬如我觀想阿彌陀佛的像，三十二相，八十種好，或者觀白毫眉間光相好，或者觀胸部梵字卍字輪相，只觀這一點，注意力於所緣的這個境要「**審正**」。譬如有些修準提法受過灌頂的，要你觀心月輪，唵字就是所緣境，行住坐臥都要在這個所緣的唵字上，不要亂，要清明自在，要「**審正觀察**」，心專一在這個境界上，這叫止。

有同學們講所緣者，眼緣於色，耳緣於聲。如果仔細觀察自己，這只是行為，是作意，但不是修定。譬如觀空為所緣時，念念觀空，空也是一緣，打起坐來萬念丟開，萬緣放下，就是觀空；永遠住在空上，萬念不起，這個所緣是在空。但是空也是一個境界，如果萬念不起，身心都丟開，連空也丟開，則所緣是在無相，無相也是所緣。所以八萬四千法門，大小乘修法，無一不是所緣境。

再說所緣，緣到什麼時候叫作定呢？不昏沉，不散亂，「**審正觀察**」，正思惟修，就是思惟所緣。心住一緣，專一了，「**心一境性**」，這才是修定的起點。

你們打起坐來，所緣的是散亂。緣散亂心而修，有沒有功德呢？有功德，他生來世好一點的是人中再來，差一點的就變傍生了，所以要正思惟修，否則業果是很嚴重的。所謂種善因而得惡果者，不少的修行中人，就這樣的誤入了歧途。這個於所緣境的修法，包括了顯教、密宗的正法修持之路，「以此說者為佛說，非此說者皆是魔說」，大家要注意。

修定與解脫的先後

「**世尊於無漏方便中，先說三摩地，後說解脫**」。一切的佛經，都是教我們修行之路，世尊釋迦牟尼佛，是教我們聲聞道中的修行人，修到無漏果，無漏果即大阿羅漢。修無漏果的方法，「**先說三摩地**」，必須先要修定，不修定不叫作修行，也不叫作出家學佛。「**後說解脫**」，得定以後才談解脫，定都不能得，解脫個什麼？身軀粗重，煩惱皆在，能解脫嗎？所以這一段你們必須要抄來，貼在心頭，貼在鼻頭，這就是真學佛了。

「**由三摩地善成滿力，於諸煩惱心永解脫故**」。佛教育我們的修行之路，大小乘的經典，全部是教我們先修定，得定以後才能得解脫。三摩地定境才是至善，煩惱妄想不起，既不作惡，也不行善，無善無惡是名至善。所以六祖說：「不思善，不思惡」，就是這個境界。「**善成滿力**」，善成就圓滿了，而對一切煩惱境，此心永遠是解脫的。

「**於有漏方便中，先說解脫，後說三摩地**」。佛在欲界中說法，告訴我們，這欲界世間都是有漏之因，六根都在滲漏，有漏當中則是先說解脫；也就是說，方法、方便改變了。佛所說的先解脫，這個解脫是方便，先看空，解脫了世間欲界，解脫後要去修定。光求解脫不修定，他生來世果報是外道，或者是哲學家、思想家、詩人、藝術家。這類人思想學問高，很多人是文學好，像蘇東坡的境界：

人生到處知何似　應似飛鴻踏雪泥
泥上偶然留指爪　鴻飛那復計東西

這首詩看起來非常解脫，但沒有真工夫，所以才有八風吹不動，一屁打過江的趣事。這就是雖有解脫，但沒有修定，不得定沒有用，只是理解上的解脫，見解對了，定境沒有，不能「**心一境性**」。佛先說解脫，後說三摩地，是因為環境不同，對象不同。

「**由證方便究竟作意果煩惱斷已，方便根本三摩地故**」。為什麼有時候先說解脫呢？是一個方便教育，解脫以後要你們開始來修，也就是先悟到這個理再來修。先是心意識起觀，心緣一境的修法，仍是方便方法，是一條過河的船而已；過了河，這個船要丟，但是如果還沒有過河，這個船不能先丟。「**方便究竟作意**」，是說修行起心動念是作意修，不是不作意。

譬如念佛淨土法門，為何叫你念「南無阿彌陀佛」，心觀想西方極樂世界呢？就是作意修，把意識業力轉成那個境界，也就是唯識學講的「轉識」。作意成就了，世間煩惱就能斷，斷了以後才得到根本的定境界，是根本定，不是方便定。例如〈八識規矩頌〉中「六轉呼為染淨依」，就是從第六意識開始修作意，把染污轉為淨。

自心本定，「何期自性本自清淨」，如果理論上知道清淨，那是理論，只是知見上的解脫，沒有工夫上的解脫。沒有得定就不是真清淨。所以一般學佛的，不管出家在家，口口談空，步步行有。雖都講空，脾氣一來，心念就動，這是個什麼空啊？一碰到境界，既不能解脫又空不了。為什麼這樣呢？因為沒有定境界，所以沒有用。佛說法就有這些種種的方便，不過重點還是要你修定。

「**或有俱時說三摩地及與解脫，謂即於此方便究竟作意，及餘無間道三摩地中，由三摩地與彼解脫俱時有故**」。

佛經教育我們的方法，在修持上，有時候同時說定的境界以及解脫的方法，也就是解脫、三摩地同時。總而言之，佛告訴我們一切修行方法都是方便；「**方便究竟作意**」的修法，是另起一個意境。譬如修淨土，就作意在淨土境界上，是你意識造作出來的，天堂、地獄、人間都是意識作意的。以無間斷的心，行住坐臥隨時在定中，在解脫中，這是得「**無間道**」。如果入定時才解脫煩惱，不入定時煩惱又來了，也不解脫，這就是有間斷，凡是有間歇性的都不是「**無間道**」，只有晝夜六時，一念萬年，萬年一念，沒有間斷，才是在「**無間道**」的定境裡。由於進入這個定境界，煩惱當然得解脫，「**俱時有**」，定和解脫是同時存在的。這就是佛法修聲聞道的正修行之路。

這一段抄起來，至少要背來，能夠修到、做到，就可以畢業了；做不到的，雖在這裡讀，一萬年也讀不成功。這是我所要求的教育目標。老實講，我測驗你們一個學期，如果做不到，我就不幹了，不幹就關門大吉。今天世界上沒有第二個人肯幹這件事，我就是吹這個牛。所以你們千萬要注意，辭親出家，所為何事？不就是為這個事嗎？

這一段是非常重要的東西，要像牛吃草一樣，好好反芻幾次吧！先聽進去，再吐出來慢慢嚼。一切修行之路皆是這個法門，所以你們上座靜坐，於所緣審正觀察，達到心一境性，就是止觀雙運。審正觀察是觀所緣，作意無間是止。一切佛法，禪宗也好，密宗、淨土也好，不離止觀；乃至成佛之路，成佛之果，也是止觀而已，千萬注意這一段。

第四講

（同學先上來練習講課）

要你們練習講解，有兩個原因，一者，非逼自己讀書不可；二者，使大家觀摩學習，將來年紀大一點，有所成就時，知道如何弘法。

剛才他們兩位的報告都很好，都很對，但是問題在哪裡呢？我們為了培養大家未來弘法，關於自己的修持及利他的關係，他們兩位講法都對了，但是沒有份量。為什麼呢？他們是文字禪，只是用文字講出來，不能發揮，因為欠缺修證的經驗。其實平常的生活，就是作人做事方面的行為，都與修持有關，道理也是一樣。講到這一段，要你們大家注意去看，對修行方面有很大的關係。

這一段是《瑜伽師地論》的重點，為弘法的需要，不但要研究了解經意，而且要會講，最重要的是為自己的修持。你們要注意，出家作法師的，在弘法的時候就要了解，這個時代講經說法，不能走從前的路子，那會使人聽了睡覺。你們兩位講的，比從前已經很進步了，但是你們不敢發揮，因為有兩個原因，一者我坐在這裡，二者聽的是同學，所以你們心理上有障礙。可是你們要注意，將來如果沒有這兩個障礙時，講經說法的目的是利他，是為他人得利益，不是為聽眾對自己有好的反應，所以這個觀念一定要清楚。我們把身心投入佛法，投入聽眾之中，使人家得利益。即使你們辦教育，講課也是同樣的道理，站在台上做老師，不是表演，教育的目的是為了使學生得利益，那是你上台講課的目的。現在看原文。

五蓋的嚴重性

「**復次，於諸靜慮等至障中，略有五蓋**」。

其次，我們在修禪定，修止觀的時候，有許多的障礙，不是一個一個來的，是「**等至**」，就是平等隨時會來的。也就是說，不是昏沉過了再散亂，散亂過了再昏沉，而是昏沉與散亂同時存在。其實昏沉時一定散亂，這個時候好像沒有念頭，而有許多的幻影境界，同時也非常散亂。其實昏沉的本身就是散亂，因為不能得定；換句話說，散亂的本身就是昏沉。如果一念覺性清明，萬緣不起，哪裡有散亂呢？既然散亂，已經落入無明中了，只是自己不知道罷了。散亂心來不知所來，去不知所去，它本身就是昏沉。所以昏沉散亂是這一念之間，這一切障礙是「**等至**」來的。

讀經、讀書要會意，尤其讀經典，因為翻譯經典，每一個字都是用盡了心思，不是亂下筆的。所以我們看古人的經典不可大意，略略看過就說看懂了，其實是青蛙跳井，不通。修定時的障礙「**略有五蓋**」，歸納起來大概有五種，仔細分析還不只那麼多。因為表面是一句，它暗中還有一句，要這樣了解才叫讀經。讀經或讀書能夠做到這樣，我就替你們高興了。

「**將證彼時，能為障礙**」，這是說人隨時可以入定，可以證道，問題在哪裡呢？譬如說雙腿一盤上座，這一剎那，好像自己蠻好的；等到你坐好，眼睛一閉，不好了，對不對？這一剎那變了。所以在你快要證入定境界的那一剎那，就可能有障礙起來了。古人的文字寫得多好！所以我說你們懶，不讀書，你還不服氣，因為你一個字也沒有看懂；要像我講的這樣，才是看經、讀經。在將入定時，這些心理作用起來，就是障礙了。

「何等為五。一貪欲蓋，二瞋恚蓋，三惛沉睡眠蓋，四掉舉惡作蓋，五疑蓋」。

這是修行的大五蓋，睡眠是五蓋之一，愈愛睡愈不能得定。久睡傷氣，像胖子喜歡睡，一睡就打呼，為什麼打呼？因為氣不順，坐在那裡也會睡，所以睡眠是障礙。修行的小五蓋是「財色名食睡」，金錢、男女關係、飲食的問題、好名好勝、好睡眠，心理生理都有。比如有人說，「你看，你們做不到的，我做到了」，雖然不要人家恭維，但那個自嘆自榮，就是好名的心。人為何好勝？因為好名。所以我們怎麼能夠得定呢？都被五蓋蓋住了，蓋住就是綑住了，衝不開，悶住了。上面是綱要，下面再加以分析。

檢查自己的貪欲心

「**貪欲者，謂於妙五欲，隨逐淨相，欲見，欲聞，乃至欲觸**」。

貪色聲香味觸是妙五欲，不妙的色你不願意看，不喜歡看。那人對你發脾氣是寃家，你看都不看他的，因為他不是「**妙五欲**」；你看到好看的，喜歡看的，為了戒律的關係不敢看，但站在那裡多瞄它一下，那就是「**妙五欲**」了。聲也是如此，好聽的聲音，一定想聽，有的聲音聽不到，還乾脆打坐，心靜了好聽見。所以「**妙五欲**」的「**妙**」，是沒有標準的，沒有定相的，你認為妙的，我可能認為是不妙的。

追隨著五欲「**淨相**」跑，那是你喜歡的那個。像一個藝術家，看到他喜歡畫的好風景，「唉！好美呀」，然後手一放，與大自然融合了，那就是藝術家的「**淨相**」。一個音樂家，聽到好聽的音樂，自然雙腳就打起拍子來，手也拍起來了，那是聲音的「**淨相**」；聽不喜歡的聲音就不拍了，因為那不是你的「**淨相**」。所以我們眾生總在隨逐淨相，這個「**淨相**」是唯心而定的，是隨唯識而轉，唯你心意識而轉。色聲香味觸這妙五欲，眾生於此「**欲見，欲聞**」，很想去多看一眼，多聽一下，所以難以得定。

以後你們出去弘法要這樣講，而且不能這個、那個……口頭、口尾的說話習氣和聲音，都要注意。

「**或隨憶念，先所領受，尋伺追戀**」。

真正的佛法，是大心理學，我們有時候打起坐來，在接近靜定的時候，就會恍恍惚惚的，好像做夢一樣，看到山呀，水呀，浮起了影像，這是過去生的種子起現行，都是妙五欲境。「**隨憶念**」，不是有意去回憶它，是阿賴耶識的種子所呈現。所以有許多人打坐，坐到好的時候，不管是外道還是學佛的，看到光，看到菩薩，自己認為有了神通；實際上是自己阿賴耶識中種子起的現行。如果自以為是眼通境界，那就是入魔了，是魔通，與鬼打交道。這是阿賴耶識中的五欲蓋，過去生到現在生的種性，形成習氣的影像，這也就是唯識的道理。

譬如夜裡快要進入睡眠時，眼前迷迷糊糊有些境界，有吧？（同學答：

有），每個人都有這個經驗的，這個時候你不是故意想的，因為你已經想睡了，並沒有故意去想，這個境界是在將睡未睡之間來的，這個就是「**憶念**」。了解了這個道理，在打坐快要入定時就要注意了，這個「**憶念**」不是有主的，說沒有主嗎？也有主，是過去生阿賴耶識的種性，也就是我們眾生欲念的串習所造成的，是阿賴耶識種子起的念。所以有時候靜坐，坐到無念，這無念裡頭正是有念，只是你沒有檢查出來而已。

定力愈高的人，境界來得越奇怪，就是「**或隨憶念，先所領受**」，這一生未去過的地方，未經驗過的事都現前了。你懂了這個教理，就曉得這是過去某一生經過的事，不是你這一生經歷過的。每人都有上過天堂，下過地獄的經驗，過去生的種子在這個時候呈現了，就是現行。「**領受**」是受蘊，以現在話來講，是過去經驗過的，是我們過去身心長時間領受過的那個境界，所以自己的意識，也就是阿賴耶識，由於追念尋伺而呈現出來的。

有一個打坐的笑話。老太太跟老公學打坐以後說：唉呀！打坐真好，三十年前人家欠我十塊錢，一打坐我就想起來了。這就是打坐靜極時，阿賴耶識中種子的呈現。

透過這個笑話想想看，這是什麼力量呢？因為靜極了，阿賴耶識的種子翻出來了。有些人本來脾氣蠻好的，坐，坐，坐，脾氣反而變大，過去的瞋心壓制在裡面的，一坐一靜，都爆發出來了，那個毒發出來了。所以有時候坐，坐，坐，會哭起來，不是神經，是過去生的那個慈悲心，乃至多生累劫的墮落，現在到了靜極時，自己會傷心起來，好像說，唉！我怎麼會墮落成這個樣子呢？這是阿賴耶識的種子被挑動之故。這個「**尋伺追戀**」不只是這一生的現行行為，還包括了種性裡人事上的追戀。

這是講廣義的「**貪欲蓋**」，包括現生及過去生阿賴耶識中的種子；狹義的來講更嚴重，多半都是現生現行裡的。什麼叫現行？譬如第六代達賴喇嘛的情歌：

靜時修止動修觀　歷歷情人掛眼前
肯把此心移學道　即生成佛有何難

入定修觀法眼開　啟求三寶降靈台
觀中諸聖何曾見　不請情人卻自來

這就是現行的「**貪欲蓋**」，這個力量比種性裡的粗淺，較為容易去除。可是如果沒有經過修持，現行的力量就把你障住了，在不知不覺中就入了魔障。就如想念父母，當然沒有錯，但以修定來講，這一念眷屬之念就障礙了修持，所以要特別注意。現在講的是廣義的「**貪欲蓋**」，對於狹義的更要注意。

你也有瞋恚心嗎

「**瞋恚者**」，有些人向來脾氣好，像說血型O型的人脾氣大，A型人脾氣好，其實不一定，每一個人內在都有瞋恚心。脾氣好的人就不發脾氣嗎？他生悶氣，悶在心裡面；脾氣壞的人，面孔上每一個細胞都討人厭。有許多人在笑的時候，都是一臉橫肉，苦惱相。換句話說，他細胞裡都是瞋恚，沒有轉化過來。如果轉過來的話，哪怕你金剛怒目的時候，看起來都是慈祥的，那才是轉了習氣。「**瞋**」是外表，是粗的，「**恚**」是內在，是細的。「**瞋恚**」是脾氣大，你們裡頭脾氣大的太多了，一個比一個大，將來都成了氣大佛，八十八佛以外的。瞋恚是怎麼來的呢？你們檢查自己，看下面的許多原因就知道了。

「**謂或因同梵行等，舉其所犯**」。

一群人在一起修行，就是同梵行，別人的錯誤你看不慣，脾氣就大了。你們有沒有這個經驗？（同學答：有），不只有，而且太多了，看人家的錯誤，看得透徹得很，自己的錯誤都忘了，這就是「**瞋恚**」。然後氣得呀，自己打坐都坐不好，對不對？這就是障礙，就把自己蓋住了。你們檢查看看，你們不只要臉紅，要紅得發紫才是。

「**或因憶念昔所曾經不饒益事，瞋恚之相，心生恚怒**」。

或者想起過去受了人家一句話的氣，現在打坐想起來了，越想越氣，有沒有？（同學答：有。）看！修行多難啊。

「或欲當作不饒益事，於當所為瞋恚之相，多隨尋伺，心生恚怒」。

或者在打坐的時候，就像某教授當年一樣，二十幾歲跟我學打坐，腿子痛得受不了，看到滿堂都是有地位的老頭子，他越看越氣，想找一顆炸彈，把大家都炸死。這就是「**欲當作不饒益事**」，當場的瞋恚脾氣越來越大，然後聯想更多愈加火大的事。尋伺就是現在心理學所謂的聯想，今天害得我腿子痛，前天叫我唸佛，剛剛還叫我跑香……越想越氣，這叫「**多隨尋伺**」。接著多方面的聯想都起來了，「**心生恚怒**」，心裡頭更氣，這是廣義的瞋恚相。

狹義的瞋恚相是自己討厭自己，打起坐來，唉！為什麼不得定呢？已經坐了三個月了，雙腿怎麼不幫忙呢？人生常常會對自己不滿意，個個都有這個經驗的。早上起來照照鏡子，化妝一下蠻好看的，有時候又很討厭自己，這就是狹義的瞋恚相。所以自己修行為什麼不上路呢？不是因為打坐工夫不上路，而是理不透；如果把自己的心理檢查清楚透徹，沒有不得定的。所以要思惟修，要參通這個理。同樣的，《瑜伽師地論》你們也會講，我也會講，為什麼我講的比你們賣座呀？就是因為我會說。你們為什麼不會說呢？因為你沒有把自己身心投進去，懂了吧！自利利他是很困難的事，不是容易的。

誰不煩惱不昏沉

現在開始要講昏沉，要注意，你們每人晝夜都在昏沉中，《千家詩》上面有：

鎮日昏昏醉夢間　忽聞春盡強登山
偶過竹院逢僧話　偷得浮生半日閒

這首詩很好，很有名。結果到了元朝，有一個讀書人很有文才名氣，到山上去玩，經過一個寺廟，有一個和尚儘拉住他講話，他很煩。和尚知道他是有文名的人，就請他題詩，他把這首詩頭尾顛倒了一下，平仄押韻都對：

偷得浮生半日閒　忽聞春盡強登山
偶過竹院逢僧話　鎮日昏昏醉夢間

他把這個和尚罵了，說他一天到晚昏昏沉沉、糊里糊塗，文人文思敏捷，罵人不帶髒字。

「**惛沉者，謂或因毀壞淨尸羅等隨一善行**」。

犯了戒的人容易昏沉。尸羅是戒律，男孩子們手淫漏丹的，就不是「**淨尸羅**」了。女孩子經期要來啦！昏昏的，脾氣也大，又煩惱。另外如果犯了殺盜妄淫戒，容易昏沉，馬上定境界就差了。有些朋友一進門，我眼睛一看，他們昨晚幹的事我都知道了。我說感冒了吃藥去，他不承認，不吃。第二天來，流鼻涕、咳嗽，感冒現象出來他才信。因為他臉色已經現出來了，犯了「**毀壞淨尸羅**」的毛病。

所以善知識有那麼容易嗎？大慧杲禪師說：「你們在我前面走三步路，我已經知道你的命根在什麼地方了」。這句話就是說，逃不過他的眼睛的。所以，隨便毀壞哪一點淨戒，隨便毀壞任何一點善行，就會使你昏沉。善的心理行為與生理有很大的關係，為什麼古今中外一切宗教都讚歎善行呢？善能生陽，陽氣就來了，所以為善最樂。這不止是教育上的話，因為陽氣來了人也會快樂，如果都是陰氣，就煩惱憂慮了。陰者就是五陰、五蓋，所以任隨哪一種善行被破壞，都容易落入昏沉，頭腦就昏瞶了。譬如殺了人的，最後都被抓住了，因他東逃西逃，頭腦昏瞶就被抓住了。因果也是這個道理，這一句話是很重要的話，讀經，一句話都不能疏忽。

「**不守根門**」。

眼耳鼻舌身意六根之門，護持不住。看電視看多了，打起坐來，眼睛就昏迷了，因為不守眼根門。聽人講話，聽歌，聽多了，打起坐來昏沉，不守耳根門。天天練氣功，練多了也容易昏沉。呼吸太用力久了，氣不夠也容易昏沉，不守鼻根門。有個故事，說有一個比丘，打坐就昏沉，來問世尊，佛說山中有草（煙草）可以解倦。昏沉就有一個昏沉相，等於一個人要死就有死相，瞞不過人的。一打坐就昏沉，淨尸羅都有問題，就是「**不守根門**」的問題。

但是你們可不能抽煙！抽了煙就散亂，除非你有定力，隨時可以入定；你偶然可以用茶葉、咖啡，去減少一點昏沉，可是這些也是會引起散亂的。為什麼受戒不准吃五葷？因為五葷是有刺激性的，刺激神經，增加荷爾蒙的活動，不容易得定，所以要戒五葷。像葱蒜吃多了，振奮你的神經；但是太昏沉時把五葷當藥吃，不犯戒，要懂這個道理。但不能藉我的話學抽煙呀！如果你真的太昏沉，或者可以喝濃茶，像我一天濃的鐵觀音茶要三四杯，你們程度不到不要亂來，否則會出毛病的，這些不要學，當個話頭來參可以。

另外，吃東西貪好味，吃多了就昏沉，所以佛的戒律過午不食，就是為了少昏沉。腸胃清了以後，腦子就清明；腸胃不清，腦子就不清，所以過午不食是有科學的道理。身根就是男女性器官，男性犯手淫遺精的，身根破壞了容易昏沉。女性兩乳房也是生命身根之一，所以要守根門，現在跟你們講明了，否則你們學佛一輩子也不知道身根是什麼。

「**食不知量**」。

或者貪嘴亂吃，吃得太多了；或者什麼都不吃，十二指腸潰瘍、胃出血，餓出毛病來了，都是「**食不知量**」。做勞動工作的更不能餓，否則一臉烏氣，胃要開刀的，所以飲食一定要知時知量，以避免昏沉。

「**不勤精進，減省睡眠**」。心理方面，不勤精進，心裡懶惰，睡眠不夠，打起坐容易昏沉。這句經文如果看錯了，會認為要精進，不要睡眠，那就錯了。睡眠的需要量和年齡有關，要知時知量。如嬰兒則要十八到二十個小時，十歲左右的孩子須睡十個鐘頭。現在的小孩子讀書，每天六點鐘起床趕公共汽車，很晚才睡，從小都在毀壞自己。我非常反對這種家庭教育的生活習性，睡眠已經不夠了，加上營養不對，然後又望子成龍，望女成鳳，結果什麼都成不了，有什麼用？所以我經常大聲呼籲，現在所有的父母全要重新受教育，這是一個很嚴重的問題。少年人要多睡眠，老年人一夜睡三五鐘頭已經多了，老年人老而能睡並不壞，大多數老年人睡不著的，愈老愈睡得少。少年人可以多睡，但是人太胖而愛睡，那是病，所以飲食與睡眠都要知時知量。

「**不正知住，而有所作**」。

你的知識範圍不正，習慣性的在一個不正、不好的境界上修。做工夫可以斷睡眠，但是斷除睡眠是有方法的；像練瑜珈氣功，佛法中也有特殊的氣功方法。道家說：「精滿不思淫，氣滿不思食，神滿不思睡」，精氣神充實，腦的神充足，那就不需要睡眠了。這個四大的身體，精氣神修煉成功，一身業力習氣轉化了以後，「夜睡無夢」，睡時絕對沒有夢，一覺可以睡多少年，也可以多少年不睡；「身輕如葉」，可以在空中飄；「晝夜常明」，日日夜夜此心都是光明的。記住道家這三句話。

「**於所修斷，不勤加行，隨順生起一切煩惱**」。

睡眠這個習氣是修可以斷的，要修持做工夫，才能斷得了，工夫不到斷不了的。醫學上也曉得睡眠是一種習慣。譬如我幾十年練習睡眠，可長睡，可不睡，晝夜也可以不受影響。如果覺得夜裡必須睡，白天不能睡，這只是習氣的觀念，並不是一定要如此。現在是夜裡，到了美國現在是白天，所以在美國住了幾個月回台灣，會好幾天睡不著，因日夜時間顛倒。其實你把日夜的時間觀念忘掉，要睡就睡，沒有什麼顛倒的，顛倒不顛倒是心理上的意識習氣觀念。所以睡眠、飲食，這些都是要修持做工夫才能斷的，因為隨順這些習氣，不免常有煩惱，有煩惱就不免昏沉了。

可是你們不要亂搞，睡眠不夠，首先是眼睛吃不消，弄不好會瞎的。這些都要懂得加行的方法，加行修法不是那麼簡單的。所以像你們如果真修得好，近視就會恢復，老花眼也可以改進。但年紀真的太大時，眼睛總是比較吃力，配個最輕度的眼鏡來戴，可輕鬆一點。

「**身心惛昧，無堪任性**」。

由於生起一切的煩惱，以致身心都昏昏的，不清爽。其實昏沉本身就是一個煩惱，身體整天重重的，不舒服，不輕鬆，頭發脹，腦子昏昏的，雙眼乾乾的，這不煩惱嗎？因為大家煩惱慣了，所以不覺得煩惱。如果碰到這些情形，我就煩死了，一定做工夫，絕不讓身心留一點點這些東西，不然我就找一些藥，把這些病解決掉，這些都是障礙修行的。所以大煩惱就是「**惛**

昧」，一天到晚腦子不清明，糊里糊塗，這是身煩惱；心煩惱是智慧開不了，所以昏沉能夠使你生起一切的煩惱。換句話說，大昏沉的人，貪瞋癡慢疑都來了，愛睡眠的人，一定好吃懶做，酒色財氣都喜歡。尤其欲界中一切眾生，犯罪行為大都在晚上或夜間，這事研究清楚了，就曉得昏昧生起一切煩惱，一切煩惱都是跟著昏沉來的。

譬如跳舞廳，裡頭是昏暗的，只看到鬼影幢幢，那是地獄的畫面，大家在昏昧的境界裡。為什麼要燈光暗才舒服呢？因為昏昧與黑暗是同一個境界，一切眾生都以身心進入昏昧為快樂，這就是佛說的：「眾生顛倒，是為可憐憫者」。所以修持成功要進入大光明定，不在昏昧境界中了，道理就是如此。「**堪**」是可能，「**任**」是担這個任務，由於「**身心惛昧**」，所以担不起正修行的功力。這只是昏沉，還沒有講睡眠，重昏沉就是睡眠。

睡眠　昏沉　煩惱

「**睡眠者，謂心極昧略，又順生煩惱，壞斷加行，是惛沉性**」。

睡眠比昏沉還厲害，睡眠多了容易生起一切煩惱，睡眠中最容易遺精——漏丹，就是順生的煩惱。不睡也不會漏的，男孩子的經驗最多，少數女孩子也有，但女孩子也會漏丹，只是自己很糊塗不知道，也都是在睡眠中。因為睡眠的關係，廣義的四加行——煖、頂、忍、世第一法，沒有一樣做到。狹義的來說，睡眠時什麼工夫都不做。

所以人生活到六十歲，你把這個帳算一算，十五歲以前不懂事不談了，年老有十幾年沒有用，去掉二十幾年了。還有一半賴在床上睡覺，加上三餐飯，大小便的時間，還剩有幾年呀？有位朋友失眠了三十幾年，很痛苦，來找我。我說，你失眠了三十幾年，現在六十幾歲了，一般人活六十年，等於只活三十年。你活六十年等於我們活一百二十年，有什麼不好？這太划算了。其實失眠本身不是病，感覺失眠痛苦是心理病。所以說睡眠是「**順生煩惱**，

壞斷加行」，睡眠是大昏沉，越笨越愛睡。世界上有位豬老兄吃了就睡，醒了就吃，所以睡眠習氣一旦有了，就變成這位老兄了。

「**心極昧略，是睡眠性，是故此二，合說一蓋**」。

不用心，頭腦不清楚，是睡眠性，小睡眠叫昏沉，大昏沉叫睡眠，這兩種合起來是一蓋，是修行上的一蓋，把你蓋住了。

「**又惛昧無堪任性，名惛沉；惛昧心極略性，名睡眠**」。

當你昏昧時，什麼事都做不成，如果你寫文章，拿著筆在那裡發呆，看書看不到兩頁就睏了，全與孫悟空的師弟豬八戒一樣，悶住了，全在昏昧中。雖然有時看你眼睛是張開的，但是人在昏昧中。佛教的唸經為什麼敲木魚？是睡覺時要像魚一樣不閉眼睛。敲木魚有警覺性，要修行人晝夜長明。如果頭腦終日昏昏，一天到晚在細昏沉中，他生來世的果報是白癡，是笨人；變豬則是笨豬，變狗、變鳥則是笨狗、笨鳥。昏沉有這樣可怕，不能担當任何事。

俗話說「事業看精神」，一個真做事業的人，有學問的人，是有超過常人的精力，這精力是由意氣志氣來的。如果一個土匪拿槍逼你，三天不准你睡，你睡就槍斃你，你當然絕不敢睡了，就有堪任性了。因為你要保命，精神就來了，所以精神是越用越出，頭腦是越用越靈活的。有人說：「唉！不行呀，我身體不好」，一看就知道這是個懶傢伙。像我碰到這種人，絕不叫他做事，因為他「**無堪任性**」，不能擔任工作的。一分精神，一分事業；一分精神，一分學問，人都是這樣來的。當昏昧到一點清醒都沒有的時候，就叫睡眠。

「**由此惛沉，生諸煩惱隨煩惱時，無餘近緣，如睡眠者，諸餘煩惱及隨煩惱，或應可生，或應不生。若生惛昧，睡眠必定皆起**」。

由於昏沉而生起一切煩惱，乃至大小隨煩惱也都跟著生起來了，其他的善緣就不容易接近了。在睡眠的時候，根本煩惱、隨煩惱，這些大小煩惱都是在睡眠時夢中所起，屬於獨影意識起來的。有些做夢時的煩惱，是自己第七意識起來的，你們自己去研究觀察。睡眠時看他臉上的表情，你細細的觀察就有他心通，就知道他心中有事。有時候都笑瞇了，有時候氣得不得了。

為什麼自己不覺得呢？因為第六意識不清明，只是獨影意識兼帶質境生起的作用，所以在全身的細胞表情上有，但在意識記憶上沒有。要晝夜長明，才是覺醒，所以佛者覺也。禪宗三祖僧璨的〈信心銘〉中說：「眼若不寐，諸夢自除，心若不異，萬法一如」。所以表面看來睡眠時沒有事，但在睡眠中，阿賴耶識的犯罪行為比醒時還嚴重，唯有得定的人，才看得清楚。

掉舉　惡作

「**掉舉者，謂因親屬尋思，國土尋思，不死尋思**」。

掉舉不是散亂，散亂比較明顯。譬如我們一堂人，東站一個，西坐一個，散開一定亂，亂了一定是散，所以叫散亂。掉舉是掉動，東掉一下，西掉一下，不規矩。打坐坐得好時，好像入定了一樣，但內心還有思想，東一個，西一個，稀疏一點而已，那是掉舉。看去好像入定，實際上在掉舉中，比散亂還不容易看出來。就像一桶不動的水，微風過來，一點點的波紋看不出來，掉舉就是這種心理狀態。有時是想家人、親戚，想過去的情人。

蘇曼殊的詩很多是親屬尋思：「生天成佛我何能，幽夢無憑恨不勝」，蘇曼殊沒有受戒，他的度牒是從一個死去的和尚撿來的。「九年面壁成空相，持錫歸來悔晤卿」；「雨笠煙簑歸去也，與人無愛亦無瞋」。他這些詩句看起來很洒脫，實際上是假的，這正是「**親屬尋思**」。親屬包括了情人、朋友、師長、同學。如果你們以後打坐想起來我這個老師，也是「**親屬尋思**」，不過可以把這個轉成上師相應法，那就轉了。就看你臨去秋波那一轉，能否轉得好，如果轉得好，惡法都成了勝法；轉不好，一切善法都變成惡法，修行就是一個轉識成智。「**國土尋思**」是想國家大事；「**不死尋思**」是想修到長生不老，想工夫做得好，多活幾年。老人家來打坐，多半是為這個目的，求長壽，這是壽者相。

「**或隨憶念昔所經歷，戲笑歡娛所行之事，心生諠動騰躍之性**」。

或者想過去的事，偶然靜坐坐得很好，想起來人家以前欠你十塊錢；「當時只是尋常事，過後思量倍有情」，打坐幾個小時，坐在那裡回味當時一顰一笑；「只是當時已惘然」，這是李商隱的詩，這一惘然，三大阿僧祇劫就惘過去了。這一些事情大家心中不能說沒有，蠻多的哦！就是少年出家也會有，有時想起小孩時跟某一個孩子玩，那個味道真好。不做工夫，不鎮靜，這些事想都想不起來的，現在工夫做得好，就來了，這個叫「**掉舉**」。所以要認清楚做工夫的蓋，它到這個時候來蓋你了。誰來蓋你？是魔，但魔由心造，是你自己的心，阿賴耶識中的種子。

「惡作者，謂因尋思親屬等故，心生追悔，謂我何緣離別親屬，何緣不往如是國土，何緣棄捨如是國土，來到於此，食如是食，飲如是飲，唯得如是衣服臥具，病緣醫藥，資身眾具。我本何緣，少小出家，何不且待至年衰老」。

「**惡作**」是一般講唯識因明上的，「**惡**」字唸「物」的音，是討厭的意思。派給你很多工作，你們很多不願意做，是不得已而做的，心裡都在討厭。人生每人每天所做的事，都是很厭惡的，也就是一般人講的，「吃哪一行，怨哪一行」。你們有人雖然出了家，也在討厭出家；學佛的人，討厭學佛。

我也經常「**惡作**」，我一聽到上課頭就大了，討厭這個事。

有人想到家裡的事，如果當時不發脾氣，不剃光頭，不換這件和尚衣就好了，現在穿上了怎麼辦？想起父母有時也蠻難過的。為什麼我離開父母到這裡來呢？為何我不到美國去呢？為何我離開南部到台北來呢？現在吃這種飲食，喝這種水，想到南部的番石榴才好吃呢！心中懷念故土的食、飲、衣服、臥具、醫藥、生活用具。我為什麼這麼年輕就出家呢？應該等老一點出家才對。就在那裡不斷的後悔，所以人生都在「**惡作**」中。

「**或因追念昔所曾經戲笑等事，便生悔恨，謂我何緣，於應受用戲樂嚴具朋遊等時，違背宗親朋友等意，令其悲戀涕淚盈目，而強出家。由如是等種種因緣，生憂變心，惡作追悔**」。

男女互相在騙人，一句溫柔話，明知對方是在騙自己，也願意上這個當。有時還要求對方說一句騙你的話，明知上當，但就是愛聽。彼此互相哄騙，這就是眾生相。這種嘻笑，明知這是笑話，偏要愛聽，「縱然是夢也風流」，明知是假的，假一下都好。當時全體勸我不要出家，我不答應，強要出家，現在想起來後悔。由於這些種種原因，而憂變、惡作追悔。

「由前掉舉，與此惡作處所等故，合說一蓋。又於應作不應作事，隨其所應，或已曾作，或未曾作，心生追悔。云何我昔應作不作，非作反作，除先追悔所生惡作，此惡作纏，猶未能捨」。

掉舉和惡作合起為一蓋，自己又討厭事情，又討厭人生，討厭自己，這個討厭心始終去不掉，障礙修行修定。有時候沒有刷牙，打起坐來嫌口氣不乾淨；然後又起一念，我這個人怎麼那麼討厭？一點習氣也改不掉，一點小事都放不下，就是這樣不斷的惡作追悔。

「次後復生相續不斷憂變之心，惡作追悔，此又一種惡作差別。次前所生非處惡作，及後惡作，雖與掉舉處所不等，然如彼相，騰躍諠動，今此亦是憂變之相，是故與彼雜說一蓋」。

「**惡作**」是討厭，比悔輕，悔是後悔，人生都在「**惡作**」中。譬如為了稿費和家庭經濟，一邊寫文章，一邊討厭。有些人結婚生子，愛是愛，但一邊抱孩子，一邊埋怨討厭，為什麼生活負擔那麼重，這也是「**惡作**」。

第五講

多疑多惑的人

「**疑者，謂於師，於法，於學，於誨，及於證中，生惑生疑**」。五蓋中第五是疑蓋，對老師，對所學的法，對所學的教理，對老師的訓誨，乃至對於自己修證到的境界，認不清，而生出疑惑。有很多人修行，已經達到了某個程度，因智慧不夠，就有懷疑，以致修證的境界反而變壞了，像這樣的人有很多。

「**由心如是懷疑惑故，不能趣入勇猛方便正斷寂靜**」。由於這種種的懷疑，就不能得到勇猛方便，由正道斷除煩惱，而得到寂靜。譬如下午你們聽《參禪日記》的那位老太太的日記，她一個人在那裡摸索、進步，很多地方是她自己修到那個境界的。雖然她寫日記報告來問我，但問答來回要二十天。答覆未收到，她自己都能信得過，又進一步了，因為她沒有疑惑。即使有疑時，她自己都能夠解答，她的難能可貴就在這裡。

又譬如你們在這裡學的，天天圍著我，老師長，老師短的，可是都沒有用，因為我告訴大家的，大家口頭上說是，事實上聽都沒有聽進去，都是在自說自話。然後今天來問的也是這個問題，明天來問也是這個問題，出去三四年以後又來問的，還是這個問題，毫無智慧。尤其大家同學當中，儘管學佛很多年，包括出家的，對於教理的研究，一點影子都沒有。大概只把五蘊、六根、六塵、十二因緣、十八界……等等名辭記住而已。其它一無是處，因為無智，沒有智慧。

這是講到疑蓋，像大家現在初學打坐，問題包括腿麻，坐多少時間等等，但對於生理心理的變化，根本茫然不知。換句話說，對於佛學佛法的教理一無所知，真叫作盲修瞎煉，浪費自己的生命時間，這都屬於疑蓋之中。

「又於去來今，及苦等諦，生惑生疑，心懷二分，迷之不了，猶豫猜度」。

自己對於修行多疑，你們都唸過《金剛經》嘛！後面的讚語：「斷疑生信，絕相超宗，頓忘人法解真空，般若味重重，四句融通，福德歎無窮」。斷疑生信才能入般若，才能證得般若智。我經常說佛教徒、佛教界，包括七眾弟子，多疑的人太多了。佛法建立在「三世因果，六道輪迴」的基礎上，學佛信佛的人，平心而論，自己相信三世因果六道輪迴嗎？沒有人信的，都是張開嘴巴自欺罷了。如果你說相信，盲目信是沒有用的，這個裡頭沒有弄清楚的話，說信佛，那是自欺又欺人。所有三藏十二部大小乘的佛法，各宗各派的修持，一切的方便聖境界，基礎就建立在三世因果，六道輪迴上。

很多年前，一位很有名的大法師，在一次寺廟中出了問題時，他公開演講說：「居士怕因果，因果怕和尚，和尚怕居士」，好幾百人都聽到了。有人回來告訴我，令我不勝感嘆，這位法師固然是有感而發，但他說的也是真話。初學佛的人勉強還信因果，但是對於因果是盲目的迷信，真正的因果，本身都在遭遇，但是自己沒有看清楚，還自稱學佛，不要自欺了。其他的各種宗教徒，真信因果或真信上帝嗎？不一定，多數是在那裡自欺。

佛法是要從明理修起，這個道理是說，一切眾生一生下來，就是阿賴耶識帶來的善、惡、無記業報等種性，因無自知之明，就對一切的事都起疑惑。所以現在青年講反動革命，推翻一切傳統，沒有什麼稀奇，人性本來具有多疑的種性，大家要把自性裡頭的多疑認識清楚。

佛告訴我們第二種懷疑，就是人不能起善法的信念，為什麼人生有那麼多苦？有錢是有錢的苦，有地位是有地位的苦，競選也有苦，是求名求利的苦，只是每人的苦不同而已。這些都是多生累劫因果關係，可是多數的人都不懂。大家對於「**去來今**」，過去現在未來三世因果，所發生四諦的道理不清楚，產生懷疑，也不相信。

學問好、佛學好的學者之中，有些大師，例如某大師都不相信因果，雖然般若唯識理論講得比誰都高明。在他臨終時，告訴他的學生們：「平生所學，到這裡一無用處，你們還是好好念佛吧」。要到臨終才知道，才要弟子們念佛修行，我們聽了不勝感嘆。光研究佛學，學問再好有什麼用？這是對去來今苦等諦之理，「**生惑生疑**」，根本沒有深信不移，並沒有真信。

有人腳踏兩條船，就是「**心懷二分**」，要他專參究佛學嘛，他不幹；要他一切放下，身心投進去求證嘛，他又做不到。講起學理是口口講空，作起人來步步是有，站在台上叫大家放下，台下自己貪得無厭，很多人都是如此「**迷之不了**」，永遠不明白。什麼叫開悟？破了疑，「斷疑生信，絕相超宗」那才叫開悟。

一般信佛的人，對於三世因果，六道輪迴，可以證得菩提，可以得定，可以證果這些事，老實講，學理可以儘管講，心裡頭猶豫不決，沒有真正的參透起信。結果是什麼也搞不清楚，都在「**猶豫猜度**」中，這是一蓋。學佛修定的人，為什麼不能得定？因為被這五蓋蓋住了，疑蓋最厲害。講良心話，你們學佛，有沒有這一生非成佛不可的信心？（同學答：沒有。）除了瘋子才有這個信心，不瘋就是傻，其餘都在猶豫不信中。所以萬人修行沒有一個人證得。再不然，修是修了，頭髮也剃了，前途如何？不可知，走一步算一步，看看哪個茅蓬好修，去掛個褡算了；哪裡素菜好吃，吃一餐再講，都在「**猶豫猜度**」中，所以不能證得。

不正的思惟　女性的魅力

「問：此貪欲蓋以何為食。答：有淨妙相，及於彼相，不正思惟，多所修習，以之為食」。

關於五蓋的討論非常詳細，是學佛修道第一步。首先是貪欲蓋，上面所講的貪蓋是廣義的，貪名、貪利，貪風水好、環境好、風景好，都是廣義的貪欲蓋。

現在轉到狹義的貪欲問題，提出來問，「**貪欲蓋以何為食**」，什麼東西培養貪欲？人活著以飲食維持生命，貪欲之念也要食去培養。回答是「**淨妙相**」，那是很美的，不是醜的。正式修禪定，進入一些禪修境界時，起了不正的思惟，就是見地的思惟上起偏差，引發習氣，就去修習「**不正思惟**」以為食。也就是心想這個妙相，就以之為食，想起來這個妙相，都不會餓的。

在座的有些年輕出家不懂，你們看過《西廂記》《紅樓夢》沒有？男女害相思病的時候，茶不思，飯不想，你們大概沒有這種專情的經驗。現在男女年輕人之間，情都不專，好像蠻解脫的；不是解脫，是無情。你不要把男女之愛的情，看成壞的情，像第六代達賴說的：「肯把此心移學道，即生成佛有何難」。男女的愛情和父母的親情，相是兩樣，情是一個，轉過來的話就是大慈悲。菩提薩埵是覺悟有情，但是有情眾生貪圖這個情，而沒有覺悟。

精神病院有人去看過吧？看到有些病人，你眼淚非掉下來不可。會打人的都用鐵鍊鎖起來，有些精神病患幾個月可以不吃飯，餓不死的；有些精神病患三層高的樓房，一跳就上去了。我以前有位年輕的朋友，他神經一發，兩手一端就把埋在地下的廁所端起來，力氣哪裡來的呢？我們從反面思考，也就可以想到，人這個生命有無比的神力，修持到了，神力就可以發起來。現在不是講精神病，是講到「**以之為食**」之食。一個貪欲重的人，飯也不吃，只這一點情念，就可以維持他的生命，所以稱為思食。

「**淨妙相者，謂第一勝妙諸欲之相，若能於此遠離染心，於餘下劣，亦得離染，如制強力，餘劣自伏**」。世界上一切欲望最殊勝、最妙的境界就是淨妙相，如果能離開了染污心，就可以離一切欲，真能離欲則為真僧人。

離欲很難，譬如在這個環境覺得不舒服，這件衣服穿得不舒服，這個菜不合口味，這些都是欲，沒有哪一樣不是欲。真達到離欲尊，就是初果羅漢的預流果相，才叫離欲。《金剛經》的須菩提是離欲阿羅漢，阿蘭那行就是寂靜行，是離欲了，所以真離欲則有如此之難。你們現在覺得自己如如不動叫離欲，那差遠了，那是偶然不動而已，因為沒有真正的誘惑在你面前，所以不是真正的如如不動。

三國初期，管寧與華歆兩個是同學，他倆一起挖地時，挖到一塊黃金，管寧看都不看，丟開。華歆也不錯，只看了一下，這是黃金耶！然後也把它丟了。管寧從此不再與華歆做朋友，因為看出來華歆這個人有貪欲，雖然只看一眼。後來華歆當了宰相，管寧就在樓上待一輩子不下樓，因為覺得華歆統治的土地是髒的，他不要踏，這是中國歷史上有名的故事。所以人的貪欲問題，很難講。「**若能於此遠離染心**」，面對誘惑，能不受誘惑，離開染污，則不垢不淨，這樣什麼都可以離開了。對於修持差一點的人來說，稍稍一動念時，克制一下就過去了。

「**此復云何。謂女人身上，八處所攝可愛淨相**」。這中間講的是什麼意思呢？明顯一點講，女人有八處妙相，並不是女人多可愛，我們男人也蠻可愛的。立場不同，男人看女人可愛，女人看男人可愛，不過佛經只講一面。但是你不要認為佛重男輕女，不是的；而是知道了一面，那一面自然通了。譬如有一天，有一位同學來對我說，某某人對於女性特別反感。我說他這個人有問題，是性變態心理，因為都是人呀！不應該有反感，一切眾生平等視之，沒有男女相。只有那些心理有問題的，就會對女人有偏見，因為他阿賴耶識裡就有這個東西在，為了逃避而不敢看。如果真無此念，女人同泥巴，男人同狗屎，不是一樣嗎？所以變態心理的人，往往是矯枉過正。

「**由此八處，女縛於男，所謂歌、舞、笑、睇、美容、進止、妙觸、就禮**」。

由這八個特點，女人好像用一條繩子就把男人縛住了，就是所謂唱歌跳舞等等。像我喜歡跑舞廳，幹什麼呢？我們跑舞廳，是穿長袍布鞋，買個門票進去一坐，咖啡一泡，是來參觀的。坐在那裡，等到燈一暗，看到那些鬼影幢幢，跳來跳去的男女，我們則在那裡做工夫，很好玩。那些舞女過來陪陪也好，來這裡花錢是布施，要我跳舞，不會。我在重慶也常如此，一輩子不會跳舞，喜歡去看，那個裡頭是道場。你們在座的人對人生只懂了八分之一，那個跳舞聽歌上了癮的人，在這裡坐都坐不住，到那個時間，雙腳心硬是癢起來。坐在這裡上課，有些太太先生，到時間，雖然在這裡聽課，癮發了，硬會扭兩下，那雙腳自然動了一下，我在上面一看就知道，他是跳舞上癮的。以後你們去作法師，在上面一望，下面的角色就很清楚，誰都逃不了，做土匪的有作土匪的習氣。「**笑**」，女性那個笑，牙齒一露；「**睇**」就更嚴重了，眼一瞄一勾的，真會迷死人。

漂亮女人的「**進止**」，像穿高根鞋，這樣進一步，退一步，或直線的走，有少數女人是經過這種訓練的，走起來，真會多看她一眼。年輕人這些都不懂，還來學佛，這些魔境界你沒有經歷過，學佛能成功嗎？到了那個時候，給你一個「**美容**」，一個「**進止**」，你的定力統統垮了，蓮花寶座一塊一塊的掉下來了。尤其出家的，將來女眾的弟子皈依多了，你們那個法師的法統統空了，現在先傳你們這些法，先把它參通。

手拉手就是「**妙觸**」，或者身體碰一下，男女之間，只要挨到一下，他那個魂都掉了。「**就禮**」，這個女性或者這個男性，彬彬有禮，絕不粗魯，你心中就會想，這個修養，這個教養，這個風度，真好呀！你就完了，這一條繩子最難搞，共有八條繩子綑你。

「**由此因緣，所有貪欲，未生令生，生已增長，故名為食**」。

男女之間有這樣八條繩子，就這樣綑住你了。從前有個老和尚，看一些人都討厭，就抱了一個孤兒到山上養，到了十幾歲時，帶下山來。因為小和尚沒有看過別的人，下了山在街上走，小和尚光看女人，問師父這是什麼？師父說她叫老虎，會吃人。回山上以後，老師父問小和尚，你今天跟我下山，你看哪一個最喜歡？小和尚說：我看來看去還是老虎最好。這個道理就是，這八條繩子未生能夠令你生，如果心中有一點影子，就是已生令增長。「**故名為食**」，佛經解釋得多清楚呀！這就是「**食**」，這個是識食，是你的精神食糧，綑住了你。

如何去除貪欲

「問：此貪欲蓋，誰為非食。答：有不淨相，及於彼相，如理作意，多所修習，以為非食」。要解脫這個貪欲蓋，該怎麼辦？所以我經常告訴你們要做白骨觀、不淨觀，你們檢查禪宗、密宗、律宗，唐宋以後佛法的僧才，一天一天衰落，沒有什麼證果的人。你查查《高僧傳》，唐宋以前，學佛證果的非常多，原因是當時的僧人，都走禪定的路線。自從禪宗盛行，佛學流傳以後，佛學是昌明了，但證果的人沒有了，因為專事修證的人少了，都不專心注重修行了。

一切修道的路，不管哪一教我都經歷過，然後再回轉來在佛法中找，發現小乘佛法中的白骨觀、安那般那，是修行證果的根本法門。尤其中國證果的祖師，以及創宗立教的大師們，大多走的都是這個路子。即使密宗各派有成就的也是一樣。我把一切法門學完了，自己再閉關求證，那真是慚愧，平常都是看大乘經典，認為小乘是小法，理都不理。後來自己一經修證才懂得，原來佛陀說的不淨觀、白骨觀修法，實際上包括了顯密一切大乘修法。再投身進去修過，才曉得它的真正妙用。回頭再看大小乘經典，得知佛在世的時候，印度的祖師們，因為都是親受佛的教導，所以七天以內證阿羅漢果的，非常之多。

為什麼現在做不到呢？如果說是末法時代，佛的三藏十二部都在啊！如果經典沒有了，那才是末法到了。既然經典都在，他所教的修法都有呀！翻出來看，完全對。所以你不要看到不淨觀、白骨觀是小法，教你們觀不淨觀、白骨觀、安那般那，十個中有八九個都說觀不起來，對不對？（同學回答：是），那是你們不得法，不曉得怎麼觀。

觀不起來關鍵在哪裡？那是你業力太重，是三世的因果。但是話也不是那麼說，觀不起來是你的般若不夠，你的智力不夠，只要能觀起來就成，沒有不成的。一般人教理講得通達得很，談到真修行時，一點力量都沒有，所以佛在這裡也告訴你，第一是修不淨觀。但是不淨觀有問題，先看這一段經文再告訴你們。

「此復云何，謂青瘀等，若觀此身，種種不淨，雜穢充滿，名觀內身不淨之相。復觀於外，青瘀等相，種種不淨，名觀外身不淨之相。由觀此二不淨相故，未生貪欲令其不生，生已能斷，故名非食。由於彼相如理作意故，遮令不生。多所修習故，生已能斷。前黑品中，由於彼相不正思惟故，未生令生，多所修習故，倍更增廣」。

「黑品」是黑業，不善之業；白品是善業。這一段要注意，這一段文字是什麼意思呢？這個道理誰懂？出來講！但是你們不要以為文字懂了就行了，我為什麼在這裡挑出問題？道理何在？所以我要你們把中文弄好，佛經的理都看不懂，還想翻譯成外文；黃種人還未能度，你還要去迷糊白種人。你翻譯的東西如果不對，不是害了別人嗎？寧可讓他們多轉兩個身都沒有關係，現在推開書本來說。

不淨觀我也教過你們觀身體內部，你到殺豬場，到豬肉攤上一看，我們人同那個豬一樣的。現在豬肉是經市場的人整理過的，像我們小時候在鄉下，經常看殺豬的。把豬殺了，拉開肚皮，裡頭難看得很呀！腸子是五顏六色的，又臭得很。人體就是這樣，一層皮包在外面，用肥皂一刷，鬍鬚刮一刮，女的加上香粉口紅一塗，這個動物還可以看看。如果把這一層皮拉開看看，真難看。修這個不淨觀是初步，去了貪欲嗎？去不掉的。

我告訴你們一個經驗，在大陸時有一個和尚朋友告訴我，他出家的時候修過白骨觀，修到上街看人都是白骨人，後來再修下去，不行了，白骨也蠻可愛的。所以他作了一句詩，「縱使白骨也風流」，他說白骨觀醫治不好我的貪欲之病，不淨觀更沒力量。說人的肚腸不大好看，但是看久了，最髒的東西也變成美的了。這是修行經驗，不要當笑話聽。

所以你們都曉得講不淨觀、白骨觀，你們不覺得人體不淨嗎？憑良心說，大家都沒有觀念，在鏡子裡看自己，愈看愈漂亮，都覺得別人不認識自己的漂亮，對不對？你們厭惡過自己的身體沒有？很少有，這怎麼修不淨觀呢？所以不淨觀，經典上儘管講，卻生不出效果來，對不對？

說真話，我們真討論，你們沒有覺得自己身體不淨，討厭別人不乾淨倒是真的。譬如你喜歡一個人，你坐在那裡修觀，把這個人的皮拉掉，觀他不淨之相，你能嗎？不忍心呀！真這樣，你會替人掉兩滴眼淚，也替自己難過。就像蘇曼殊的詩，「人間花草太匆匆，春未殘時花已空」，聽到會掉眼淚，但絕不會想到不淨觀。所以不淨觀有時候不起效力，對貪欲蓋不能起制止作用。因此佛經儘管說不淨觀有如此的不淨，但是你們要修定做工夫，真會修這個法嗎？我可以講，絕對沒有，這是真話，百萬人中沒有一個是真正修這個法的。

同時你們也沒有真看過不淨，只有在戰場上可以看到，或者你們到殯儀館去看。人死後送到殯儀館，把死人衣服脫光後，丟到藥水池中泡著，男女老少全泡在一起，一條一條像鹹魚一樣。如果到戰場上看，東一條爛斷腿，西一塊爛手臂，那就可以修不淨觀了。有人連豬肉攤子都沒有看過，所以修行不得力。佛的規定，比丘要在尸陀林，就是中國的亂葬崗修。人死後第三天，身體發臭又難看，看過了這個才能修不淨觀。但我還要告訴你們，縱然你看了那麼多的爛屍體，大概三天都吃不下飯，對男女之情也不動心了；再過三天，你看到漂亮的還是漂亮。所以修行之難呀！貪欲之難去呀！這還是小乘法，小乘法都修不成何況大乘。

至於白骨觀要怎麼修，白骨看過嗎？沒有看過，所以後世修行人幾乎百無一是，佛講的話都是白講。不淨觀、白骨觀，真到了那個境界，則要轉回來，如天台宗的智者大師，就提倡安般法止觀修法。其實他採用了禪觀修法的一種步驟，但都是以不淨觀、白骨觀做基礎的，否則的話，對於安那的風大的原理，就不容易弄清楚了。

剛剛講到五蓋中的貪欲蓋，其中不淨觀等等的修法理論，這段你們可以自己看，不需要我多講，你們多用一點世俗的觀念來看，就看通了。現在大家都在修定，最重要是關於如何修定，我們看卷十一，二百四十八頁下面。

五徧行的潛力

「復次已說安立，當知於此靜慮等中，作意所緣，二種差別」。這一段最重要，大家特別要留意，你們都開始走入佛法之路，都在靜坐用功。

上面已經講過修定的基本理論，現在應該知道修禪定的方法。先講「**作意**」，唯識裡頭有五徧行：作意、觸、受、想、思。五徧行是唯識學所講的，我們起心動念之心，是與宇宙物理世界、精神世界連在一起的這個心，不是人體心臟的心。這個「心」，分成八個部分，眼耳鼻舌身是前五識，最嚴重是第六意識，即我們能夠思想感覺的分別心。第七末那識是我執，「數取趣」，就是這個生命之連續性，是生來死去，在六道輪迴的連鎖循環不斷的生命根本。第八是阿賴耶識，又名含藏識；不是現在所講的潛意識，潛意識是第六意識背面的一種獨影意識。現在一般人第七識都沒有覺察見到，如何談第八意識！第八識是心物一元，整個法界宇宙物理、物質世界，都包含在第八阿賴耶識裡。

心分八個識，每個識的作用都有五徧行，它像空氣一樣，像原子一樣，任何東西中都有它。等於麵粉加白糖，揉成一團，每一點裡都有白糖，任何一點它都存在，所以叫徧行。

五徧行第一是作意，作意在普通佛學是講起心動念。《華嚴經》上說：

「若人欲了知，三世一切佛，應觀法界性，一切唯心造」，這個心是心意識這個心，是作意出來的。所以三千大千世界，以及三界一切眾生，都是一切佛作意所成，是意所造的。就如台北、香港、紐約、巴黎現代的建築，又如太空梭、原子彈等等，是一切眾生共同作意的思想所造的，這是作意。唸佛的這一聲、這一念，也是作意，修密宗觀想也是作意，我們看男女漂亮也是作意，財色名食睡都是作意，一切皆是作意，是意在造作。作意就是意作，是意念造作出來的，是意識心所造作的。

五徧行第二、觸：與外面的接觸，人體覺得天氣冷就是觸，是感覺，手放在那裡馬上可以感觸到，感覺到；如虛空，感覺到沒有東西，觸到了空，所以要搞清楚，智慧要分明。

第三、受：有觸就有受，感覺感受了，心裡就了解領受了。如手在虛空中，感覺沒有東西，由手上的感覺，心裡就知道摸的也是空，心裡也領受進去了。

第四、想：想是浮在面上，如念頭，打起坐來最痛苦是妄念不斷，這妄念就是想陰，一個想接一個想的來，想把一個想按住、停住；停不住的，因為想是粗浮，是浮動的，是無法停留住的。

第五、思：粗的叫作想，細的叫作思。譬如你們有時候打坐，坐得很好，好像覺得沒有妄想，其實那就是思的境界，仍然是一念，那叫思。如果你現在欠人家的錢，或者家中有一點事沒有弄好，儘管坐在這裡聽課，意識都掛在這一點事上，那個就是思，思與想有粗細之不同。

八個識中都有五偏行，就算在一念不生時，五偏行還是在。所以道理弄不懂的話，你會以為入了定什麼都不知道，那就錯了，那是像木頭泥土一樣，如何能叫「佛者覺也」呢！修行成功了，五偏行轉過來也就是五方佛：

西方阿彌陀佛：作意所生成。

東方藥師佛：觸所生。

南方寶生佛：受所生。

北方不空如來：思所生。

中央毗盧遮那佛：想所生。

轉識成智，就成為五方佛性。唯識同其它教理不同，它是邏輯分析，要修行必須要知道五徧行的道理，因為五徧行中第一是作意，所以修行第一步先從作意起修。譬如為什麼要去受戒？一個凡夫因為不受戒律的約束，心中無戒，所以做了惡事自己不知道；受了戒，使意識種下戒的種性，就是作意。譬如唸佛，唸一句阿彌陀佛，或唸一個咒語，都是作意唸。譬如修數息觀也是作意，八萬四千法門的修法，皆從作意起。你們現在初步打坐，為什麼不能得定呢？先問你作意心能不能建立，就是作意這一念能不能堅固。所以第一先作意，而且作意這一念要堅固。

作意有很多種

如修淨土，依《觀無量壽經》的觀法，觀阿彌陀佛眉間白毫相光，一邊唸佛，一邊觀阿彌陀佛眉間白毫相光，這是作意。如果觀不起來，是因為你作意不成。能夠作意的話，行住坐臥都在阿彌陀佛眉間白毫相光中。如果觀不起來的話，就專一作意一聲佛號。如果能夠作意堅固的話，修行就有基礎了，這一生沒有不成功的。修行開始，作意所緣有兩種差別，就是有兩條路。

「作意差別者，謂七種根本作意，及餘四十作意。云何七種作意。謂了相作意，勝解作意，遠離作意，攝樂作意，觀察作意，加行究竟作意，加行究竟果作意」。

什麼是「**了相作意**」？譬如聽了禪宗的課，百丈禪師被馬祖把鼻子一扭就開悟了，「即此用，離此用」，「一念不生全體現，六根才動被雲遮」，隨時隨地，行住坐臥，此身沒有感覺，沒有觸受，妄念不起，想與思都如如不動，這就是「**了相作意**」，「**了相**」也就是一切「**了**」。如果這個作意境界是勝果，就是「**勝解作意**」。基本上分為七種根本作意，其他幾個你們自己研究吧。

「云何四十作意。謂緣法作意，緣義作意，緣身作意，緣受作意，緣心作意，緣法作意（另有含義），**勝解作意，真實作意，有學作意，無學作意，非學非無學作意，遍知作意，正斷作意，已斷作意，有分別影**

像所緣作意，無分別影像所緣作意，事邊際所緣作意，所作成辦所緣作意，勝解思擇作意，寂靜作意，一分修作意，具分修作意，無間作意，殷重作意，隨順作意，對治作意，順清淨作意，順觀察作意，力勵運轉作意，有間運轉作意，有功用運轉作意，自然運轉作意，思擇作意，內攝作意，淨障作意，依止成辦所行清淨作意，他所建立作意，內增上取作意，廣大作意，徧行作意」。

下面再逐一解說：

「緣法作意」，這個「緣」是攀緣，把念頭掛在一件事上，就像一條鐵鍊、項鍊，一個圈掛一個圈，念念不斷，謂之攀緣。這個攀緣那個，那個再攀緣到另一個，一個圈沒有用，要幾個圈掛起才成一條鍊。所以開始修的時候，應該是有所緣，並不是無所緣。譬如念佛，所緣是念佛，念念攀緣在佛上，攀緣不一定是壞的，善法攀緣就是修行功德；惡法攀緣則墮入六道輪迴，所以修行第一步是作意。

「緣法作意者，謂聞所成慧相應作意」。

皈依法，你以為跪在上師前面，六耳不傳，要你注意身上哪一部分，或一句咒語才是法嗎？不是的，那是方便。道是天下之公道，哪裡有祕密？什麼是「**緣法作意**」呢？就是研究經教，佛所說的理，聽善知識講的，你都懂了，而且聞後要正思惟，自己要用心再去研究。思了以後還要再修，修就要堅固的修成功，這才是佛法，聞思修後才得慧的。

下了課要再去研究經典，不一定是我講的對呀，要好好的思，所以要「**聞所成**」，聞後要思，研究，然後照著修。修成證到了，就開發了智慧。「**相應**」就是瑜珈，就是身心投進去，身心結合攏來了。所以為什麼要上佛學課？是開發智慧知識，這個慧是由聞思修而成的，就是佛經的道理。

「**緣義作意者，謂思修所成慧相應作意**」。

思惟到佛經上的道理，如《金剛經》談空，我們為什麼空不了？聽了《金剛經》的空我們就要思，思了就要修，要證到這個空境界，這就是「**緣義作意**」，「**義**」就是道理。

「**緣身受心法作意者，謂修念住者，如理思惟身等作意**」。打起坐來腿為什麼痛？因為「**身受**」，身體不好，氣脈不通。身體為什麼不好？因四大不調。四大為什麼不調？哪裡不調？「**緣身**」來反照，我為什麼病了，生病原因何在？佛法說：病由業力來的，業由心造，我哪一個心念引發的這個病？這就是「**緣身受心法作意**」。譬如有人修念佛法門，一上坐，一念不生，妄念不起，「**如理思惟身等作意**」，念如何住？妄念如流水，如何把它切斷……下面跳到二百四十九頁第七行。

「**徧知作意者，謂由此故，徧知所緣而不斷惑**」。

我大概給你們帶領一下，其餘的你們要自己研究，完全靠我是沒有用的。別人修成功也不能替代你們，就像釋迦牟尼佛修成功了，他代了誰啊？他的弟子還是靠自己修呀！所以你們不要有依賴性。（有同學提出來：這些作意看不懂，怎麼辦？）看不懂就要努力讀書，難道還要我把它裝到你腦子裡，讓你看懂不成？你的腦子也不能換成我的腦子，所以要你們努力讀書就是這個原故。

再看第八行。現在正式告訴你們修，打坐修持做工夫。

「**已斷作意者，謂斷煩惱後所有作意**」。

悟後起修，這個悟並不一定是禪宗的大悟，是在理上悟到了一切是空。但為什麼不能證到空呢？有兩個方法，一個是有分別，一個是無分別，都屬於「**影像所緣作意**」，是證到空的修法。

有分別影像的修法——觀

「**有分別影像所緣作意者，謂由此故，修緣分別體境毗鉢舍那。無分別影像所緣作意者，謂由此故，修緣分別體境奢摩他**」。

這段最重要，特別把這一段標出來給你們講，你們現在修行打坐，這裡要發揮了。這裡你們當然看不懂，就算文字看懂了，佛法不行的也看不懂，應該給你們講的我會講。修行歸納起來有兩個法門。

用有分別影像來修的，就是修觀，修毗鉢舍那；用無分別影像來修的，就是修止。譬如念佛，南無阿彌陀佛，一句一字的唸，就是有分別影像作意，唸咒子也是一樣，不管你修哪個密法，紅教、白教，紅觀音、綠度母、大威德金剛，修觀正見，都要有分別影像作意。譬如念佛，觀十六觀經，觀哪一相觀，就要以有分別影像作意，就是意識造作一個境界。譬如《參禪日記》那位老太太，她現在隨時能住在一片空，光明中，這個也是唯心造的，她今天的修持也屬於「**有分別影像所緣作意**」的境界，也就是修觀。

所以由有分別影像作意，譬如念佛，一念，念念不斷，這一聲佛號，一念萬年，萬年一念，並不是說每一念都要「南無阿彌陀佛」。阿字唸ㄚ，不要唸ㄛ，ㄛ是下墮音，ㄚ是開口音，世界上各類眾生，乃至動物，生下來一開始講話是「阿」，先來這一聲，它是昇華音，阿字翻譯為無量無盡，唸阿彌陀佛這一句，就是無上大密咒，它本身就是咒。念阿彌陀佛念到後來，真念到了止觀，定境界一來，念頭都提不起來了。有些人念到念頭不起時，就說：「完了，我念佛念那麼久，念不起來了，糟糕呀！」我說：「你知道你念不起來，那不是念佛嗎？那麼笨。」

所以你們注意，有許多念佛的人，到臨終時不懂這個理，不但不能往生，反而墮落。臨終時這一口氣不來了，一些助唸的人還高聲呼籲這臨終的人，勸他：「你趕緊跟我們唸阿彌陀佛，唸呀！唸呀！你唸呀」。真差勁！這種助唸的人，真是埋葬人。氣與意是在一起的，一口氣快要斷的時候，你要他跟著你唸阿彌陀佛，怎麼唸得出來呢？現在就要了解什麼叫念佛？他心中那個時候沒有念，當你要他念佛時，這個意思他懂了，那個就叫「念」啊！眾生笨呀！很多人都念到了，只是自己不通教理，不知道而已。

念佛，等於肉包子打狗，妄念來就念阿彌陀佛，妄念來的多就可以大聲唸，肉包子打狗一樣，有去無回，然後唸到最後狗也不來了，肉包子也不要打了，這個時候才是「念」，是正念現前。你看〈大勢至念佛圓通章〉就曉得了，這個時候叫「淨念相繼」，這個時候沒有妄念，也沒得佛念，也不是昏沉，也不是散亂，是清清楚楚這一念就對了。這一念也是第六意識有分別影像作意，有分別的，你知道這個就是了。

你們注意，將來接引臨終的人，千萬不要誤認出聲唸阿彌陀佛這四個字才是念，這樣會害了他，害他失去了信心。你就說：「你現在知道了，一念清清明明，我唸佛你聽見了，這個就是了，你以這一念就往生了」。現代人不通教理，一堆盲人接引一堆盲人，以盲引盲的人太多了，所以佛法衰敗了。

為什麼觀不起來白骨

所以像你們有些觀想光明的，有時候觀白骨的，都是有分別影像作意。你們為什麼白骨觀不起來？什麼原因知道嗎？因為你們觀白骨，一直想看見你們自己的骨頭，看得見嗎？這只是影像呀！定久了就看見了。懂了沒有？這不是傳了你們大法嗎？只要有這個影像就是了嘛！怎麼那麼笨呢！在影像一起來時，就是作意起來了；作意起來時，一念一止，慢慢……等到有一天，啪！一下，就可以到自己身心上來，身上白骨，五臟六腑可以看得清清楚楚，然後還要把它化光，化空了。所以七天證果，絕不是騙人的，就是你們理不通呀！每位佛都把他的寶貝告訴你了，是你看不懂，所以你不懂「**有分別影像所緣作意**」這句話的真實含義，偏要拚命看自己的白骨。有些活寶還拉腳趾頭看，然後說：我怎麼都觀不起來？當然觀不起來，因為那是父母所生的皮和肉啊！不是「**影像所緣作意**」呀！我花了錢買白骨架給你們看，就是叫你們留這個影像呀。你現在懂了吧？應該觀得起來了吧？

用「**有分別影像**」的觀法，多得很，「**謂由此故**」，譬如自己有病了，可以觀藥師如來或者是白衣觀音菩薩。有些活寶，我說了半天，連觀音都沒有影像，我是說你的第六意識的分別影像的觀音，是你意境上觀起來觀音影像，觀他楊枝淨水從你頂上洒下來，你的病沒有不好的。

如果你說：這是我的作意與觀音菩薩什麼相干？自他不二啊！你就是他，他就是你。而且你自己作意這個觀音菩薩，或是藥師如來，一觀起來，一灌下來，他力加被你，病沒有不好的。告訴你就有這樣厲害，就是你們信心不夠。而且這分別影像作意多得很，但是要曉得，要它空就空，要它有就有，叫作緣起性空，性空緣起，不然你就是口頭法師，沒有用。

毗鉢舍那就是修觀的方法。也就是說，佛現在傳你一切觀想的方法，就是「**有分別影像所緣作意**」，這是你所緣，你要注意。譬如你觀起來觀音菩薩，或者在前面，或在心中，這是所緣境。這個所緣是能緣起來的，這是「能」與「所」；能是什麼？暫時不談，現在只教你修法，你懂了修法就可以了。所以佛經一個字都沒有亂下的，是「**所緣作意**」，他並沒有說「能緣作意」。這個影像是什麼來的？是你作意所緣來的，這才是研究教理，不然怎麼說研究佛學呢？以後出去不要誤人子弟，說法度眾生，不能指錯路，不能以盲引盲。毗鉢舍那是修觀，什麼是觀呢？觀什麼呢？就是「**有分別影像所緣作意**」。

無分別影像的修法——止

另一個是「**無分別影像所緣作意**」，觀想成就以後，一念空掉，定在空境界上就是止，止就是「**無分別影像**」，觀起來的東西把它一念空掉。這是不是「能」呢？不是能。耽在一念空的境界上，還是所緣，還是作意。這個地方不談明心見性，因為明心見性是「能所雙亡」，體寂滅，那個現在不談，只講修法。「**無分別影像所緣作意**」就是空了，沒有分別影像，譬如念佛，佛這一念都沒有了，一切都沒有，身體也沒有了，身心都清淨了，定住了，就是止。「**謂由此故**」，你觀想成功以後，比方你念佛，也是有分別影像作意，念到阿彌陀佛都提不起來了，什麼念也沒有了，就是一念空靈在那裡，並不是不知，見聞覺知都知道，如如不動。這個境界就是「**修緣分別體境奢摩他**」，就是止，止觀是這個道理。宗喀巴大師創立黃教中心的修法就是這一段，我那麼容易的給你們講了，一定要珍惜，宗喀巴大師就是這樣才成宗喀巴大師的。能夠依此而修，算不定你們將來也變成什麼巴大師了，所以要好好研究這一段。

你懂了止觀境界這個理論，只能說是理論懂了，至於什麼才是止？什麼才是觀？這裡沒有限制宗派，隨各人因緣，不管用任何宗的法門，只要入門修成就可以。我這裡什麼法寶都有，都是跟佛陀學的，沒有分宗派。

「**事邊際所緣作意者，謂由此故，了知一切身受心法所緣邊際，過此更無身受心法**」。

「**事邊際**」這個「**事**」，包括出世間小乘之果、大乘菩薩、究竟成佛，都是一件事；乃至於你入世做生意、發財、考功名，也都是一件事。你功名富貴成功了，護持佛法，佛法是要七眾弟子共成的，大護法不問在家出家，維持正法的命脈不斷謂之護法，是保護這個慧命。每一個比丘，每一個居士，成功了則是大護法，使佛法常住，這些也都是「**事**」。

由於這個身心修持的結果，「**了知**」，透徹的了解「**一切身受**」，一切身體上的感受，為什麼腿子會瘓？為什麼會發生快樂的感受？為什麼身體上的氣脈會通？這都是身體上的感受。「**心法**」是關於這個起心動念，這個念頭在五十一心所中，是屬於貪心，還是屬於瞋心？所以自己的念頭，在《百法明門論》中，是根本煩惱或隨煩惱，乃至一念不生，都看得清清楚楚，這就是「**心法**」。「**身受**」是身體，「**心法**」是心裡頭，「**所緣邊際**」是身心的所緣邊際，都看清楚。

（有同學問：身心所緣邊際是什麼？）身心的邊際是空，身心都空了，要證得空性，性空。過了這身心邊際境界，當然什麼都沒有了，「**更無身受**

心法」，畢竟空，徹底的空，此所謂般若波羅密。

「**事邊際**」講了，就是說你修定做工夫，做到了這樣，一切事邊際，事業邊際無所不成。換句話說，這個裡頭有祕密，就是一切神通境界，只要你作意就成功，就來了。要你得止觀雙運，定慧等持的時候，事的邊際，你就求證到了。佛法不是空洞的理論，求證到之後，世間法所作成辦，你要辦什麼事都會達到目的；出世法，六通妙用更是無所不成。

以止為主修　以觀為主修

「**所作成辦所緣作意者，謂我思惟如此如此，若我思惟如是如是，當有如此如此，當辦如是如是**」。

彌勒菩薩到此不說真話了，他老人家也來個祕密。我現在把他的祕密揭穿，就是說，你修這個到成功時，你「**思惟如此如此**」，「**當有如此如此**」；你要「**如是如是**」，當能「**如是如是**」。這話說了等於沒說，但是要你們聽眾自己去懂，佛也只能說到這裡，此乃宇宙之大祕密也。諸佛菩薩都說到這裡，只能說這樣就是這樣，你懂了就是這樣。所以禪宗祖師上來，這個、那個，究竟哪一個都搞不清楚。彌勒菩薩也是這樣的玩，但是他說得很清楚，你懂了就知道他老人家說得很清楚了。就是說你修定慧修成功了，一切神通智慧都有了；換句話說，沒有不得定而生慧的。到這裡「**所作成辦**」，就如孔子所說：「隨心所欲而不踰矩」，般若、解脫、法身，等持成就了。

「**及緣清淨所緣作意，勝解思擇作意者**」。

修行的一切方法都是唯心造，世間法一切的造業，以及三惡道的業，也都是唯心所造。所以由凡夫到聖人，證得小乘之果，乃至大乘菩薩、成佛，也都是唯心造。因為是唯心造，所以一開始就作意，作意有四十種，他講給我們聽，開發我們的智慧。

「**謂由此故，或有最初思擇諸法**」。

由於這個定境界的原故，你一念作意專一就定了，你真得到了定，並不是不可以用思想修，禪本來就是思惟修，但要你得了定的境界不思而思。就在這個定境界，把佛經三藏十二部都熟了，一點一點的研究。參禪的參就是思惟，專一的思惟，把一個問題好好參。參通了，哦！原來是這個樣子，就是大悟了。「**思擇諸法**」是研究教理，禪宗叫參究，換一個名辭而已。有些人因根性不同，不肯走思擇的路線，「**或奢摩他而為上首**」，他喜歡修奢摩他，就是止。譬如在座很多人都是這樣，喜歡從止入手，一念清淨放下就對了，定了再說。定得到了以後，慧自然發起。

有些人不然，喜歡用思想，如果思想用對了，以後走「**思擇諸法**」入手，但是思想用不對，就變成邪見了。如有些學者，對佛學都喜歡用思擇，都變成思想，沒有修證，所以都變成身外求法了。什麼叫修證呢？止觀雙運，所以不做工夫就是不行。你看，釋迦牟尼佛十九歲出家，修無想定三年，非想非非想定三年，雪山苦行六年，都是在做工夫，都在修定，發了智慧以後才出來弘法。再看後世的許多人，讀兩本佛學經典，會思想，會寫文章，會演講，雙腿都盤不攏來，更沒有半分修定的經歷，就成了大法師，就會弘法了。連釋迦牟尼佛都是修定來的，所以要注意，奢摩他與毗鉢舍那就有如此之重要。

「寂靜作意者，謂由此故，或有最初安心於內，或毗鉢舍那而為上首」。

上來修持，有的是開始「**安心於內**」，此心不動，即禪宗的一切放下，安心不動，也可以到家，所以法門是多方面的。當初二祖見達摩祖師，是來求安心的，達摩叫他把心拿出來，他說：「覓心了不可得」。達摩祖師說：「我為汝安心竟」，給你安好了，他就悟了。因為此心不可得，念念皆空，當下即空，就在這一念一空，就定下去了，一路到底，這就是「**毗鉢舍那而為上首**」，以觀為主的修法。這一念萬緣放下，一念不生，此心安了；再看世間一切一切，原來是如如不動的，這是定中有觀，這個就是安心法門中以觀為上首。

「**一分修作意者，謂由此故，於奢摩他，毗鉢舍那，隨修一分**」。有些根性不同，止觀不能雙運，上來修行，光想修定，修止；有些人一上手就光想修觀，止和觀只修一種，就叫「**一分修**」。

「**具分修作意者，謂由此故，二分雙修**」。有人不能二分具修，不能同時來，因為一切眾生根性不同。所以，拿一個法門教育一萬個眾生，要每個人都走這一條路，這樣不是真正的善知識，不能接引人，因為沒有教授法。「大唐無禪師」這句話，是指沒有教授法的禪師太多了。所以學佛不要只學哪一宗、哪一派，因為不同的各種根性，要以各種不同的法門接引才行。說什麼淨土才對，其它都是魔道，或密宗才對，或禪宗才對，像這樣的觀念，本身就是凡夫之見。眾生根性不同，方便不同，不懂方便如何能教化人呢？就是這個道理。所以「**一分修**」也可以，二分修也可以，二分修就是「**具分修**」，是同時修的意思。如止觀雙修，定中有觀，觀中有定，就是止觀雙修。

「**無間作意者，謂一切時無間無斷相續而轉**」。譬如念佛，要念到念而無念，無念而念，就是「**無間作意**」。一切行住坐臥之間，念念都在修行，沒有停止，一秒鐘都不能有昏沉散亂……下面不要我再帶領了吧！一路下去自己曉得看下去了吧！下了課要看呀！自己不看，光靠我有什麼用？師父引進門，修行在個人。

第六講

關於修定做工夫方面，所謂止觀雙修，止觀是定慧之因，定慧是止觀之果。再解釋上次沒有解釋完全的「**有分別影像作意**」及「**無分別影像作意**」。

修習影像作意的關鍵

什麼是影像作意？譬如觀佛像，因為你對影像作意的道理沒有搞清楚，所以觀不起來。譬如現在你看到這一尊佛像，你不看的時候，意識裡也有這尊佛的影像啊！這就是影像作意。第一步意識裡先把這個影像留住，不管是泥塑或木雕，或繪畫的，都可以。

你為何觀不起來佛像呢？因為你一觀佛像的時候，就想那佛是活的，同我們的肉身一樣，還最好能摸摸你的頭，所以觀不起來。你的父母在外地，不在你身邊，你想父母現前來抱你，做得到嗎？（同學答：做不到。）但是你心中是不是有父母的影像？（同學答：是。）把世間法的父母影像換成佛像，留在意識境界上就對了。當你打坐時，在第六意識的獨影意識境界上，這個影像出現的時候，不管影像在上、在下、在內、在外，只要把影像留住就對了。

留住這個影像時，等於畫家構想一個畫面，那根本是一個幻想，但是他有這個影像。一個詩人想一首詩，「雲淡風輕近午天……」一面想像，頭一面在搖，人都到詩中畫的境界去了。把這個影像永遠留住，影像有帶質的作用，心念得止，慢慢第六意識止了，止了以後，直到意識清明了，自然身心兩個會配合。觀白骨、觀佛像、觀字輪都是這樣。

你們試試看，影像作意，一用心就不行，要很自然的。你曾想過爸媽，一想影像就出來了，那個就是影像作意。即使沒有影像，這一念已經是影像作意了。會了吧？譬如觀佛眉間白毫相光，也可以觀這個光，一觀白毫相光，把這個影像止住，雖然妄念也有，但不相干。夾山禪師的兩句話：「龍銜海珠，游魚不顧」，懂了吧？影像作意，止在這裡，妄念思想是有，那是游魚，不要顧，始終只顧這個海珠，懂了吧？會了吧？你不會我也當你會，不然我很難過。

影像作意有了，這裡頭就有一個問題，你們想想看有沒有問題？佛經上記載，佛弟子們會問那麼多問題，所以會問還不錯，連問題都不會問，怎麼學嘛！學問，學問，要學要問，現在我代你們問吧！老師：請問這個影像作意，與精神病人的精神狀態境界有什麼不同？當然不同。怎麼不同呢？一個是作得了主，一個是作不了主。作得了主的是因為那是自己造作的；作不了主的是莫名其妙而來的，自己都不曉得是怎麼回事。

譬如你們修明點，佛眉間白毫光點，修密宗各派的明點都一樣。現在我給你們留個影像，明點的影像，（師拿兩個水晶球，一大一小，燈光一照，有一點既白又亮的明點）現在注意看，看這點反光的亮點，閉著眼睛，在意境上有這一點點影像，這就是影像作用，就定在這點明點上。也可以把它當成阿彌陀佛的白毫相光，永遠在光明中，乃至睡眠的時候，依照戒律，這一點亮光在心中，非真非假，緣起性空。心粗時，明點就觀大一點；心細時，這明點愈觀愈小，然後忘我忘身，這就是影像作意。現在你們試試看，明點的影像，觀看看，不管在頭頂上，在心中，在身外，都隨便。這個影像有吧？只是個影像，不求實際有個明點。一用力就不行了，第六意識太去作意就不是影像，太放鬆了就沒有影像了。

由第一步影像作意開始修，把這一點止住，「龍銜海珠，游魚不顧」，久久自然心念就止了，就是得奢摩他，這叫作「**無分別影像作意**」。這點明點用不著去分別，管它是什麼亮光，只知有這個明點亮光之影像就是了。

再說「**有分別影像作意**」，譬如念一句南無阿彌陀佛，分別影像就來了，阿彌陀佛有三十二相、八十種好，極樂世界有七寶行樹……都加上許多的觀想，然後心裡還參念佛的是誰。這念佛的念是所念的，但是能念的是什麼？然後又有一念萬年，萬年一念，念即不念，不念即念……這些都來了，這就叫作「**有分別影像作意**」，懂吧！所以禪宗參話頭，念佛是誰？我是誰？

吃飯的是誰？走路的是誰？這也是「**有分別影像作意**」。

所以「**有分別影像作意**」及「**無分別影像作意**」，包括了一切修法。譬如唸咒子，咒子無法註解分別，就是「**無分別影像作意**」。譬如《心經》，能夠解釋的「揭諦揭諦」，即自度自度；「波羅揭諦」，即智慧自度到彼岸；「波羅僧揭諦」，即度一切眾生；「菩提薩婆訶」，即快快大徹大悟，智慧成就，到彼岸。懂了咒語的解釋，咒語就變成「**有分別影像作意**」。所以密咒多半不做解釋，因為人一旦有了有分別影像作意，妄念散亂就來了。「揭諦揭諦，波羅揭諦，波羅僧揭諦，菩提薩婆訶」，如果翻譯成快快自度……心中就想，不曉得我幾時得度？我這樣不曉得誠不誠懇呀！我好像沒有專一耶！自己內心打了半天仗，由有分別影像作意變成散亂妄想。所以一切咒語不解釋意思，道理就在這裡。自古只叫你念，念的時候你沒辦法解釋，一念專誠即「**無分別影像作意**」，那就可以得止。由這個法門就可以了解，百千萬法門的道理，一概都如此，都透徹了。

有些人說，上座一念清明，萬事不管。你真不管嗎？微細思惟如波濤洶湧，只是自己沒有覺察而已。如果把這一點亮光，明點定住了，腿照麻照痠不誤，而你的明點影像還在，這也算修止。麻的是「受蘊」，明點在的是「想蘊」，意識清淨這一念不動。受蘊與想蘊是兩回事，你身上的血液還在循環，呼吸還在往來是「行陰」。能使你想陰作意的是「識蘊」，所以五蘊具在。等到觀想作意工夫，慢慢練習而得止，止觀雙運以後，一路下去，得到解脫，才是五蘊清淨，那個時候才可以說「照見五蘊皆空，度一切苦厄」。修持之路就是這樣的，懂了吧？我不再說第二遍了，希望大家從此一路好好修去。

再說天台宗修六妙門的小止觀法門數息、隨息、止息等，屬於「**有分別影像作意**」的法門，是易學而難成；「**無分別影像作意**」的修法，比較方便，但是難學而易成。

現在看二百五十頁。

你得了輕安嗎

「般重作意者，謂不慢緩加行方便」。

這是告訴我們，很尊重這個事，就是用功的時候不要急；如果一上來就想得定證果，這就完了。佛告訴你用功像彈琴一樣，琴弦太緊時，砰！斷了；太鬆時，彈起來沒有聲音。佛以彈琴之理，要弟子們用功不快不慢，不求急進，也不弛緩。人家七天開悟，我來個七十年開悟好不好？開悟都一樣，管它遲早！所以不急不慢。如龜兔賽跑的故事，要自己衡量自己的根性，不快不慢的修一切加行的方法。加行的方法太多了，譬如感冒了身體不舒服，吃藥也是加行，運動出汗也是加行，做各種瑜珈術也是加行。就是在修止觀時，其它幫助你修定的方法，都屬於加行方便。

「此中由勝解思擇作意故，淨修智見」。得止要怎麼修呢？要選擇並肯定一個方法，譬如你們觀佛像，或佛眉間白毫光的明點，如果自己專修的佛堂，可以把佛像擺在與你平視的高度，就觀這尊佛像的影像。如果全身觀不起來，就只觀眉間一點亮光，即明點；或者觀佛胸口卍字輪。重點是要先從上部觀，不要從下部觀，這個中間的道理將來再說。然後把這個影像作意觀好，留住，就是止住，也就是定在這個境界上。

這時也可以用思想，「**勝解思擇作意**」，前面也曾說過，三藏十二部經教中，在止定方面的道理都有，慢慢定極就慧生，有許多不懂的道理，智慧開發就懂了。所以有許多人得了定，從未讀過書的人，忽然會讀書，會作詩。就像八指頭陀，詩作得好，他的文字般若智慧是在定中開發了，也是由「**勝解思擇作意**」來的。在佛像影像境界定住了，「**淨修智見**」，正思惟，八正道，四念處等，都變成修這個法門的加行了。乃至於禪宗的公案，乃至於阿彌陀佛的佛號，其它八萬四千的法門，都是你這個主修法門的加行。等於大家坐在這裡，當一個上師在中間一坐，其他的人都是附屬於上師的，主賓立場不同，所以一切法皆是加行。

許多經典上的道理，平常理解不透徹的，現在都理解透徹了，就是「**勝解**」。在正思惟當中，才曉得自己要怎麼修，此時，學問愈好，經典讀得愈多，智慧愈開發。如果一個大字不認識的人，本有種性帶來智慧真開發了，什麼都懂了，一通百通。智慧之力包括一切，三世因果都包括進來了，不管以前是否曾讀過書，現在全部都通了，甚至過去未來的事都知道了，這才叫一切。

「**由寂靜作意故，生長輕安**」。如果觀想明點或觀想佛像，定靜到了極點，慢慢的……有一天，頭頂發生清涼穿透全身，得止，得定了，就是輕安境界。這種清涼舒服，使人對富貴功名都不再有任何貪戀，這還是輕安的粗相，頭頂清涼直透全身。當然大家現在沒有得輕安，只有粗重，清涼輕安是形容舒服，如果你覺得身體內部有一股涼氣，那是傷風感冒，這是有差別的，這就要智慧了。

再說頭頂先發起的清涼輕安，容易退，比如上午這一堂坐得很好，頭頂清涼得輕安，中午看到素菜好，多吃兩口，輕安退了，頭脹，發悶，消化不良，下午這一堂就坐不好，輕安又變粗重了。所以飲食、衣著都很重要，剛剛發輕安，會發暖，自以為不怕，就脫一件衣服，或坐風口吹吹風，下午不但粗重還流鼻涕，傷風了，又完了。這一轉不曉得一個月，或兩個月，多久才能回來。所以修行用功同世間發財建房子一樣，建起來難，什麼都要調整好，這就叫作修行。

寂靜到了極點才可以得到輕安，頭頂發輕是輕安的前相，真正的輕安到了，也就到了密宗道家所說的奇經八脈、三脈七輪等等，一下子都通了。這時整個的身體，自己覺得像樹葉子在空中飄一樣，都是輕鬆的，沒有任何地方不輕盈，不舒服。一個人得到輕安，並不是修成功哦！也不是脈解心開的境界。

除蓋除結順清淨而得解脫

「由一分具分修作意故，於諸蓋中，心得解脫」。「**一分**」就是只修定，「**具分**」是同時修觀，止觀雙運。因為修定，止觀雙運以後，五蓋的貪瞋癡慢疑這些心理的壞毛病，都轉輕轉淡了。像你們現在的行為，我經常觀察你們，儘管在修行，五蓋是越蓋越重，棉花蓋了再加上石灰蓋。所以真做工夫，到這個時候，這五蓋都是考驗自己，要檢查自己起心動念，有沒有起邪見。五蓋的毛病沒有了，心就得解脫。

譬如有些人非常聰明，萬事都知道，因為太聰明就有個疑蓋，聽到一個聲音就起疑心了。其實真聰明的話是如如不動，定能生慧，一聽就明白這是怎麼回事，這是慧通。普通是世間之聰明，眼睛滴溜溜的轉，東疑西疑，世界上笨人少疑，聰明人多疑，愛管閒事，貪蓋也愈重。有人說什麼都不要，只想看書，看書也是貪；對於書愛護尤甚，別人借書，則說：不可弄壞，三天一定要還。如南宋有名詩人辛棄疾，他有名句：「一生不負溪山債，百藥難治書史淫」，我常拿這句來感慨自己愛書的個性。「**諸蓋**」就是貪瞋癡慢疑一切蓋，唯有得定，才可以「**心得解脫**」。

「**由無間殷重作意故，於諸結中，心得解脫**」。你們修定，有時候愈用功愈觀不起來，因為你第六意識的分別心太重了，影像跑掉了；放鬆了又昏沉，所以快慢鬆緊都要自己調整，道家把這個叫「火候」。等於炒菜，炒老炒嫩，那是你的本事，師父沒有辦法教的，差別就在火候。做工夫也是這樣，在於你自己的調整。由於無間作意，行住坐臥都在這個定中，真得了定，心中八十八結使，漸漸就得到解脫。

結使是無始以來的習氣，也就是一個「結」，修行求解脫，先要打開這個結，結使也譯為結習。修行人如果能把結習完全解開，就是解脫。像愛漂亮的人，在街上一邊走，一邊對著商店玻璃窗整理衣服頭髮……這是愛美的結習，看到鏡子非照一下不可。愛美就是有愛的結習，有愛就有欲，有欲一切等等就來了。所以結習太難解了，結習能夠解掉，就解脫了。在小乘道來說，解掉結習，就證到一個果位；證果也就是結習解脫清楚，證到自性本來清淨的成果。平常人都被結習綁住了，等於一個蘋果沾滿了泥巴。所以起心動念，在行住坐臥中，隨時要修止觀，才能心得解脫。

「**又由無間作意故，終不徒然而捨身命**」。由於不間斷的用功，行住坐臥皆在定中，利人利世之願沒有休止，因此不會自殺，不會中途走掉。講到自殺，佛在世的時候，很多進入預流果的小阿羅漢，因為阿羅漢果是證到空，就感覺身體是個拖累，所以有一個比丘，專門幫大家自殺。佛知道後就制定戒律，不可以自殺。由這件事也發現，即使證到預流果也容易犯邪見，有偏差；常見、斷見都是觀念的問題，是見解思想錯誤。所以要認識清楚。生命是包含了分段生死與變易生死，修行是要解脫分段生死與變易生死，那樣才算了脫生死。如果認為在分段生死中自殺，是了生脫死，那是最大的愚癡邪見。

「**由殷重作意故，速證通慧**」。

初發心修行認真、看重，非修定證果不可，就是「**殷重作意**」。這樣下決心修定，就能很快得神通，得大智慧。修行只有一條大路，就是修定，修慧，定慧止觀的修持方法，是作意而修。分析起來有八萬四千；歸納起來，在本論上說有兩種：一為有分別影像作意，一為無分別影像作意，這是根據《解深密經》中的止觀而來，必須要「**殷重作意**」，才能進步，才能成功。

「**隨順作意者，謂由此故，厭壞所緣，順斷煩惱**」。因為你「**隨順作意**」修止觀、修定的關係，自然會厭離世間，斷掉世間一切壞因緣，一切煩惱妄心自然就斷了。

「對治作意者，謂由此故，正捨諸惑，住持於斷，令諸煩惱遠離相續」。

得定之後，起心動念都不動，則無所謂犯戒，戒就在其中了，所以不談戒。定最為重要，定是對治一切妄想煩惱，無明習氣的。「**謂由此故**」，由於得定，能斷一切煩惱，一切煩惱遠離，不會相續下去，所以叫「**對治作意**」。

「順清淨作意者，謂由此故，修六隨念，或復思惟隨一妙事」。

因為修定的關係，有六種隨念（念佛、法、僧、戒、施、天），或者由思惟修，跟著而來有一件妙事。譬如說因為定而得了清淨境界，馬上連想到西方極樂世界，或者東方藥師如來的清淨光明境界，一聯想時，這個境界馬上呈現了，六根隨著一下就清淨了。

「順觀察作意者，謂由此故，觀諸煩惱斷與未斷，或復觀察自己所證，及先所觀諸法道理」。

由於在這個定境界，可以觀察到自己的習氣，某種煩惱斷了，或減輕了，或某種煩惱還很重。譬如自己現在貪吃的習氣很重，或貪婪的心很重……自己看得很清楚。或者能觀察自己所證的這個空境界、清淨境界、妙神通境界，以及氣脈變化境界等，是不是對的。自己在定境界裡自然發慧，觀察得很清楚。「**及先所觀諸法道理**」，乃至過去所學的，佛經上所看來的，老師那裡所聽來的，善知識所了解的佛法，哪個是對的？哪個是不對的？都搞得清清楚楚。

以苦為師　般舟三昧

「**力勵運轉作意者，謂修始業未得作意，所有作意**」。

極力勉勵自己，「**始業**」是開始修行時，「**未得作意**」，觀也觀不起來，影像也沒有，佛學五根、六塵……都搞得很透徹，但是用功不上路。作意始終做不好，觀想也觀不起來，靜止也靜不了，不修行還好，一修行思想妄念就愈多。再不然一上座就昏沉，這就是「**修始業未得作意**」，所有的作意境界起不來，這個時候必須下決心毅力求一個方法，去策勵自己。比如顯教的般舟三昧修法，就是「**力勵運轉作意**」之一。

修般舟三昧，是在一個空房間，一樣東西都不能有，如有佛像就會有一個依靠，所以也不能有佛像。上面吊了很多的繩子，自己手臂掛在一個繩子圈上經行，念佛也好，參禪也好，作意觀想也好，或者七天，或二十一天，或四十九天，或一百天，總是在行走，不坐不臥。實在累了，站住休息一下，然後還是行走。吃飯都要站著，排便也都站著，不准坐下來，當然不方便，但是修般舟三昧必須要這樣修。有一位老前輩說：到了八九天時，硬是受不了了，比死都痛苦，雙腿腫得像水桶那麼大，可是他是準備以身殉道的。走到四十幾天，雙腿就小了，到了五十幾天，那不是在走，好像是在空中飛一樣，非常輕靈舒服。這就是般舟三昧。

昏沉太重的或散亂心太重的人，覺得自己業力很重，而以最苦的苦行來鼓勵自己，力勵修行，所以修行是以苦為師。打坐時雙腿盤起來，也不舒服，除非你得定，才無往而不樂；沒有得定之前，一切皆苦，有求都是苦，這是力勵作意。譬如有人拜佛，日夜都在拜，拜得趴在地上爬不起來，還勉強自己爬起來拜，這些都是力勵作意的修行。真要修行沒有那麼輕鬆的，如果對自己原諒，對自己優待、寬鬆、放逸，絕不能成功的。

「有間運轉作意者，謂已得作意，於上慢緩修加行者，所有作意」。前面有一個無間作意，就是沒有間斷的；這裡是「**有間**」，是可以間斷，這是變換方法。譬如念佛的人，已經得到念佛三昧了，或者已經清淨現前了，還要進修，就可以換一個方法。「**慢緩修加行者，所有作意**」，是用各種方法來測試，變更修持。

「有功用運轉作意者，謂即於此勇猛精進，無有慢緩修加行者，所有作意」。「**有功用**」就是隨時都在用功，在修定的時候，一貫下去，很努力的修所有的加行，但不離主要那個修法。意思就是龍銜海珠，游魚不顧。

聲聞眾的多種作意

「**自然運轉作意者，謂於四時決定作意，一得作意時，二正入已入根本定時，三修現觀時，四正得已得阿羅漢時**」。

如果你們用功到這個階段就很舒服了，幾乎快要到達「無功用行」了。上面講到是有功須要用，有了定力之後，自然作意，則無往而不定，爬山也在定，跑步也在定，運動也在定。「**自然運轉作意**」，包括四個情況的「**決定作意**」，就是在這四個情況下，都曉得修持的法門。下面又逐一解釋。

第一「**得作意時**」，譬如你修這明點，觀起來了，行住坐臥，這個影像始終在，就是得到了作意，然後不須要那麼注意，自然會有影像存在。不管任何境界，這個止觀作意，止觀境界不會變。

第二「**正入已入根本定時**」，正入定時，或已經入定，得到根本定時的作意觀想境界。要空就空，要有就有；即空即有，非空非有，性空緣起，可以如意出入初禪、二禪、三禪。

第三，「**修現觀時**」，這個「**現觀**」是有限度的意思，是第六意識的現觀。不管出世、入世，乃至在前方作戰的境界，可以一切觀空，始終在清淨境界上。就像永嘉大師所講：「假使鐵輪頂上旋，定慧圓明終不失」。不管什麼危險境界，還是在定中，乃至骨頭炸成粉了，定境沒有變，這就是「**修現觀時**」的「**自然運轉作意**」。

第四「**正得已得阿羅漢時**」，證得九次第定，完全入了滅盡定，非常自然、自在，就是阿羅漢果。

「**思擇作意者，謂毗鉢舍那品作意**」。毗鉢舍那就是觀，一切要在觀中，如大家觀空，或觀無所有處定，作意起來一念不動是止，止中有觀。因為你觀空，這個空是觀起來的，是作意觀起來的，所以說止中有觀。

「**內攝作意者，謂奢摩他品作意**」。

一切歸之於一念，是「**內攝作意**」。你們研究佛經要注意，一個內，一個外，就把你弄糊塗了。把明點定止於內，然後拚命把明點、佛像抓住，觀在身體裡面，把它放在心窩這裡，所以血壓也高了，胃也不好了，生起病來。

其實他沒有說身體以內，只是「**內**」而已。什麼是內？這個內無內無外，是唯心所攝，心意識散亂向外馳求叫作外。如果硬要把它弄到身體裡頭，那就不對了。道家為此就有守竅的說法，什麼守丹田，肚臍下一寸三分。女人如果守這裡，可能會血崩的；男性守久了會遺精，病都來了，所以不可以的。所謂內者，不在身體以內，此心內定，是不分內外之內。

「**淨障作意者，謂由此故，棄捨諸漏，永害麤重**」。淨除一切障礙的作意，就是修定。由於這樣的修法，可以得無漏果，六根六塵都不分，內外寂然清淨，一切粗重的習氣都沒有了。

「**依止成辦所行清淨作意者，謂由此故，依離一切麤重之身，雖行一切所緣境界，而諸煩惱不復現行**」。

真得了定的人，這個父母所生之身轉了，凡夫平常是粗重，在道家叫作沒有仙骨，所以骨格非常重要。歷史上唐朝宰相李泌，骨節珊然，走起路來非常輕鬆，有仙骨。得了道，有了定力的人，骨節一定輕靈，離開了粗重之身。雖然入世作人做事，永遠起不了煩惱；不是故意不起煩惱，是想起都起不了煩惱。所以道家說「煩惱無由更上心」，因為心解脫了，所以永遠沒有煩惱。

「他所建立作意者，謂諸聲聞所有作意，要從他音，乃能於內如理作意故」。

「**他**」就是外緣，這是指佛的小乘弟子們，聲聞眾作意，要靠外音。等於你們同學一樣，聽聽課煩惱就少一點，作人就好個半秒鐘；不聽的時候，老毛病依然如故，「野火燒不盡，春風吹又生」。天天挨罵，被罵就乖，不罵時皮發癢，就是聽人大聲吼吼你，你就乖。「**他所建立作意者**」，靠念佛、打鐘、敲木魚這些外力而作意，靠環境影響他，善行善心才起來一點點；一出了門，離開木魚引磬，就回復原狀了，是不是這樣？這就是聲聞眾，「**要從他音**」，靠念佛、唸咒，靠佛音聲才能如理作意。聲聞所建立的作意，不是自己的功力，是依賴善知識、佛菩薩，依賴聖人的引導，自己才有一點點好的心理境界出現。所以一定要多聽經，多聽聽唸誦，然後心中才合理一點；如果三天不好好守規矩，他就又野馬奔馳了。

獨覺及菩薩的作意

「內增上取作意者，謂諸獨覺及諸菩薩所有作意，以不從師而覺悟故」。

這就高了，自己內在的定慧力量，一天一天增長，這是獨覺、辟支佛，也叫緣覺，及一切菩薩的境界。他也不靠環境，也不靠老師的教導，不需要善知識，自己隨時能夠「**內增上取作意**」。

「廣大作意者，謂諸菩薩，為善了知生死過失，出離方便，發弘誓願，趣大菩提，所有作意」。

大乘道大菩薩境界，一切願力，以止觀修法來講，都屬於「**廣大作意**」願力。譬如普賢十大願，「虛空有盡，我願無窮」，多偉大啊！「以虛空無盡故，我願亦無窮」，明知眾生度不了，但也要度，這叫菩薩廣大願。只有菩薩境界，才會「**發弘誓願**」，「**弘**」就是廣大，一切眾生可以反對我，我始終慈悲一切眾生，永遠追隨一切眾生。這是大乘道菩薩所發的，趣入無上大菩提的大願之「**廣大作意**」。

「**徧行作意者，謂佛世尊，現見一切無障礙智相應作意**」。

「**徧行**」是無所不在，沒有正法、像法、末法的區別，佛永遠在，永遠與一切眾生同在，只是一切眾生自己不知道而已，這叫「**徧行作意**」，是佛境界作意，唯有佛境界才做得到。所以《楞伽經》告訴你：「無有涅槃佛，無有佛涅槃」。佛在哪裡？釋迦牟尼佛隨時都在，阿彌陀佛，十方三世一切佛也隨時都在，在眾生心中。例如《華嚴經》說：「若人欲了知，三世一切佛，應觀法界性，一切唯心造」，也就是這個道理。

「**若諸菩薩，徧於三乘及五明處，方便善巧所有作意**」。

大乘菩薩道，三乘、五明，八萬四千善巧方便無所不知，無所不曉，就是佛境界。

這叫作修止觀，瑜伽四十種作意的範圍，彌勒菩薩多慈悲啊！講了總綱，又一條一條的再加分析告訴我們。所以你們說看懂了，但是仍要聽人家講解，這表示你是粗心大意。佛說法，彌勒菩薩說法，當時的聽眾，有些都是大菩薩，那還不懂嗎？不一定懂，粗心就過去了，所以他再加分析。

「**此中了相作意，攝緣法緣義，餘六作意，唯攝緣義**」。「**攝**」是包括，包括「**緣法、緣義**」。這個「**緣**」是所緣的境界，念佛的修法，就是緣念佛，開始修的每一個都是所緣。「**緣法**」就是緣四念處、四正勤……三十七菩提道品皆是法；乃至於唸咒也是法，十念中的念法，觀明點，觀佛像也屬於緣法，緣一個方法，包括一切事、一切理。

參究這個理是「**緣義**」，「**義**」就是理。譬如參究《楞嚴經》的理：「覺海性澄圓，圓澄覺元妙，元明照生所，所立照性亡」。又如早晚課唸的楞嚴咒，前面阿難作的那個偈子：「妙湛總持不動尊，首楞嚴王世稀有，銷我億劫顛倒想，不歷僧祇獲法身」。如果光是一個字一個字的唸過去，這句話的意義在哪裡？你沒有去參究過，沒有照著去做，這就不是「**緣義**」了，也不是「**緣法**」。所以修行不是緣法就是緣義。「**了相作意**」包含了緣法、緣義，而「**餘六作意**」是指七種根本作意中，「**了相**」之外的六種，這六種作意只是緣義，其中的道理都要參究。

「緣身等境四種作意，徧在七攝」。

緣身等四作意指身、受、心、法四念處，譬如密宗的修氣脈，道家的和瑜珈的氣脈修法，都是「**緣身**」；乃至密宗蓮花部觀想梵字，分布在身上各個部位的，如何結手印，如何觀想，如何獻曼達拉，獻花等等，都是緣身作意。由身瑜珈修盧舍那佛境界，一樣可以成就。普遍包括在七個根本作意裡頭。

「了相、勝解、加行究竟果作意，通攝勝解、真實作意」。這個了相作意前面已經講過，所以古代有成就的禪師講得對，「唯了因之所了，非生因之所生」。了因就是這裡所說的「**了相**」，是心了了，所以就是「了相之所了，非生因之所生」。譬如我們這個玻璃球，掉在地上破了，這就了了，對不對？你還捨不得嗎？捨得也了，捨不得也了，這是了因之所了，真了的時候是這個樣子。所以修道證果，「了因之所了，非生因之所生」，並不是你另外生出一個東西來。

我對很多朋友說，你年紀那麼大了，子孫滿堂，什麼都滿足了，好好學佛吧！他就說：「有一些事情還沒有了，等了了以後就跟老師學佛」。哪裡有了的時候，幾時才了啊？所以古人說「即今休去便休去，要待了時無了時」，要放下就放下。要事情做完才來修行，等到哪一天啊？沒有「了」的時候，所以叫作「了相作意」，要了就了，一了百了。

「觀察作意，唯攝勝解。餘三作意，唯攝真實。此就前門，就餘門者，當知隨應七種作意，皆攝有學及非學非無學二種作意，亦攝無學作意」。

「有學」就是剛剛要學佛。「非學」等於無學位，不須要再學了。「非無學」是已經證到二乘，亦攝絕對無學，是大阿羅漢，菩薩境界所攝。

「謂清淨地了相作意，及加行究竟果作意，了相勝解觀察作意，攝偏知作意。餘三作意，攝正斷作意，加行究竟果作意，攝已斷作意，觀察作意，唯攝有分別影像所緣作意……」。

我這樣唸下去一點味道都沒有，學《瑜伽師地論》，學佛法要怎麼學？我曉得你們不懂，我不跟你們講，這一段你們要畫表格，畫起來歸納，這個理論是擺在什麼範圍，這是一個邏輯，因明，這一個理論是屬於什麼範圍，必須牽連相關。所以法相唯識之學，《瑜伽師地論》的學術，非常注重因明（邏輯），有時先歸納後分析，有時先分析後歸納，運用無方，所以要邏輯思惟，否則不知所云。假如粗心大意，還以為自己了了，那就錯了。分析歸納，這個歸那個，那個歸這個，這個就是那個，那個就是這個，一路下來告訴你它們牽連的關係。再看下面這一欄，就明白。

修行也要資本

「又了相作意，若他所建立作意攝者，以聞他音，及內如理作意，定為其緣。若內增上取作意攝者，唯先資糧，以為其緣，所餘作意，前前後後，轉為其緣」。

這一段是結論，作生意是要本錢的，作人要吃飯，也要有兩套的。學佛先要準備修行的本錢，本錢是福德資糧、智慧資糧，沒有資糧修不成的。譬如說，剛剛開始修行，想在寺廟裡修七天，忽然家裡來個電話，媽媽病了，你非回家不可，對不對？再不然，你打坐坐得正好的時候，旁邊一個人放個臭屁，打個長嗝，把你氣死，這都是福報不夠。所以要想修行啊，福德資糧要具備。福報怎麼修呢？平常作人做事，一切善行，念念回向菩提，這是修福德資糧。第二還要有智慧資糧，要跟隨善知識，於一切經典教理通達，豁然而貫通，開了智慧。福德、智慧二資糧具備了，然後才可以起修。

像你們諸位在這裡，兩種資糧都有，不過你們把兩種資糧都倒到垃圾桶裡去了，寶貝都倒掉了，那是損福德的，其果報也不可思議，將來很可怕。我警告你們，我講的話都有憑證的，「莫將容易得，反作等閒看」，這是禪宗祖師說的。這麼好的修行環境給你們，自己不修福德資糧，不珍惜智慧資糧，還在那裡鬧煩惱。你現在固然痛快，其果報不可思議，試試看吧！土話叫作「走著瞧吧」，一個一個果報都要來的，不然佛法就不靈了，那我就不信佛了。佛法因果歷然，一點都不差的，所以說「**唯先資糧，以為其緣**」。

修行有前因後果，譬如今天為什麼感冒？因為昨天穿少了，這是它的前因，受了涼是它的後果。因為昨天吃壞了，今天拉肚子，是它前因與後果，「**前前後後，轉為其緣**」，互相因果。因為今天生病了，所以不敢亂吃東西，不敢亂走，慢慢吃藥，等到明天好了才舒服。尤其修行人，起心動念處，自己錯了一點都不知道，這個因緣種在哪裡呢？最後結帳的時候只有自己吃虧，是自作自受。

「**復次云何所緣差別**」。現在講「**所緣**」，有分別影像所緣，無分別影像所緣，緣個什麼呢？剛才我講的，緣亮光，緣明點，緣佛像。當然不能緣你的情人，那樣越緣越糟糕，越墮落，那是不行的；也不能緣鈔票，越緣越不好，而是要緣佛法僧才對。

如何對付修定的毛病

「**謂相差別，何等為相，略有四種，一所緣相，二因緣相，三應遠離相，四應修習相**」。

「**所緣相者，謂所知事分別體相**」。

「**所緣相**」是你所知道的事情，意識上有分別。以修法來講，各人有各自的因緣，所緣不同。有人對觀世音菩薩特別有緣，就選擇白衣觀音像，尤其白衣觀音女性之聖像，與我們娑婆世界特別有緣。觀世音菩薩為何化身女性？「菩薩慈悲念女身」，他覺得這個世界，女人最偉大，女人最痛苦，女人最應該救度，所以他在東方世界始終以女身像出現，清淨莊嚴慈悲，代表母愛偉大。而彌勒菩薩是男性像，代表父慈，稱為慈氏。

有人對阿彌陀佛特別有緣，有人對觀音菩薩有緣，像有些修密宗的，一見綠度母就特別有緣，那就修綠度母的法門。一共有二十一尊度母，有紅的白的，各種度母，有金剛度母。所謂度母者就是觀世音菩薩三十二化身，母者是媽媽。所以我常常說我們離開佛教，看世界上的宗教，一般人都在爭執男女哪個偉大，爭了半天還是女人偉大。天主教最後還是聖母瑪利亞；佛教最了不起的是觀世音菩薩，應化女身；道教的玉皇大帝那麼威風，最後還是歸到他的媽媽瑤池金母。世界上宗教最後的偶像還是母性至高無上。

「因緣相者，謂定資糧。應遠離相，復有四種，謂沉相，掉相，亂相，著相」。

得定，修一切止觀，應遠離四種相，就是不應該有的。「**沉相**」，是一打坐就昏沉，睡眠。「**掉相**」，是掉舉，跳動，好像很清淨，突然跳出一個念頭來，發覺後又丟掉它。「**亂相**」，是散亂根本坐不下去。「**著相**」，即使得到空，得到靜，也是「**著相**」。

比如說觀明點，如有光明點也是著相，連清淨相都不著才對。譬如有分別影像的修行，本來要觀明點或觀佛像，但觀不起來，而一個清淨相來了，身心非常清淨，假如貪圖清淨而定下去，自以為對了，其實錯了，因為這就是「**著相**」，你被清淨相迷走了。這樣一來，你的清淨專一，定境界之分別影像，離開了主體，覺體，反而不能得定了。所以許多修行的，到了邊緣而不能得定，就是因為「**著相**」了。大家要特別注意，「**沉相**」、「**掉相**」、「**亂相**」、「**著相**」，這四種相不能住。《金剛經》上的四相（無人相、無我相、無壽者相，無眾生相）是大乘菩薩依性體而論的四相，這裡的四相是以功用而論的，屬於應該遠離的。

「**應修習相，當知對治此四種相，何等沉相，謂不守根門，食不知量，初夜後夜，不常悎寤，勤修觀行，不正知住，是癡行性**」。

對治沉、掉、亂、著等四相，要特別注意。出家修行的更要注意，為什麼打坐昏沉，不能用功呢？因為「**不守根門**」，六根不守，也就是身體放逸。所以戒律中的威儀，目不斜視，笑不露齒，就是守根門。哈哈笑就散亂了，所以笑要不露齒，微微笑，眼睛不要東看西看，要守六根根門。最重要的是飲食要知量，病從口入，所以不要貪嘴，很多毛病都是吃出來的。最重要的是守身根，不能漏丹，所以別解脫戒第一條是戒淫。初夜是上半夜，天一黑開始；後夜是下半夜。「**不常悎寤**」是不勤提正念，貪睡，身心放逸懈怠，不「**勤修觀行**」就是懶性。「**不正知住**」，因為沒有正知性，這屬於癡行性，癡的根性太重。

「**耽著睡眠，無巧便慧，惡作俱行，欲勤心觀，不曾修習正奢摩他，於奢摩他未為純善**」。

貪睡，找理由去睡，說太累了，自己又沒有智慧，不懂得調整方法。然後一邊出家，心裡一邊後悔；一邊修道，一邊生氣；一邊在這個環境，一邊又埋怨討厭，與煩惱一起來。雖然心想用功一點修止觀，但是對正修行之路，修止、修定的方法根本做不到。就算是有一點練習，但在方法上不能達到至善的境界。

「一向思惟奢摩他相，其心惛暗，於勝境界，不樂攀緣」。總是想著修止得定的這個相，結果打起坐來，定還沒有定，昏睡暗昧就來了。對於勝妙的境界，並不想進步達到。有些同學就是這樣，很喜歡佛學，不過喜歡聽聽，真要下去修，那就做不到了，這屬於癡性，都是愚癡無智慧。像世間的多情人，佛法的愚癡人，都屬於昏沉根性種子的人。

「何等掉相。謂不守根門等四，如前廣說，是貪行性，樂不寂靜，無厭離心，無巧便慧，太舉俱行，如前欲等，不曾修舉，於舉未善，唯一向修，由於種種順隨掉法，親里尋等動亂其心」。

掉舉心屬於貪心的一種，不喜歡清淨的環境，不喜歡定的境界，對於世間貪戀得很。經常碰到有很多朋友說：「學佛的人要離開娑婆世界，我不想，娑婆世界有什麼壞？有電燈、冷氣，哪一樣不好呢？何必到極樂世界呢？那裡琉璃為地，地都是平的，沒得山爬，不好」。他們對這個世間沒有厭離，沒有善巧方便的智慧，喜歡勝妙諸欲之樂，沒有修過止。「**於舉未善**」，這些都屬於散亂心，甚至想到家鄉，修行不到幾天就想家了，一想到親朋故里，心就亂了，這屬於掉舉心，還不屬於散亂心。

第七講

《瑜伽師地論》下面的一段，是對修定做工夫，由止觀進入，親證到四禪八定，做了詳細分析指導。我本來想把它跳過去，你們自己去研究，原因是你們打坐都沒有坐好，談不到止；沒有止，更談不到觀；止觀沒弄好，談不到定慧；定慧沒有弄好，如何能得四禪八定？所以你聽了也等於白聽。因此我想把它跳過去不講，只研究學佛出家，由小乘到大乘的修法。那當然好幾卷都跳過去了。但是我雖然有這個想法，也看你們大家的意見，也許你們有幾位了解得到，而想要聽。但是將就少數，多數就很痛苦了，勉強裝做很熱心，聽得懂的樣子，我覺得是虐待。所以先徵求大家的意見，不要客氣。

（有同學提議，還是希望繼續講四禪八定，以後對我們修證上會很有幫助的。）

既然有多數同學贊同，那我們就繼續講下去。

身心內外染污了

「復有三十二相，謂自心相，外相，所依相，所行相，作意相，心起相，安住相，自相相，共相相，麤相，靜相，領納相，分別相，俱行相，染汙相，不染汙相，正方便相，邪方便相，光明相，觀察相，賢善定相，止相，舉相，觀相，捨相，入定相，住定相，出定相，增相，減相，方便相，引發相」。

這個三十二相，是說每一個境界的情形，《瑜伽師地論》的文字組織非常嚴密詳盡，這裡先提綱要，每個小標題的內容，後面都再加解釋。

這三十二相，不是指佛身的三十二相。其實成了佛就有三十二相、八十種好，是由於內心的修養、修持的功德所成就的。這裡的三十二相，同佛身的三十二相，看起來好像沒有關係，其實也是有關係的，必須要配合唯識、華嚴兩方面去研究。這裡提出來的「**心相**」是心理的現狀，也就是說，做工夫的境界，有三十二種不同的情況。

「云何自心相。謂有苾芻，先為煩惱染汙心故，便於自心極善取相」。

什麼叫「**自心相**」？拿現代話來講，就是人的心理現狀。這部分屬於聲聞的修道，主要指專心出家修道，是離開世間親屬、外緣，目的是為求道證果的，所以現比丘相。他說有些比丘先有「**煩惱染汙心故**」，一天到晚都在煩惱中，病的煩惱，不自由的煩惱，天氣冷熱的煩惱，身體饑渴的煩惱等等。煩惱不是痛苦，痛是痛，苦是苦，痛苦是粗重一點。煩是擾亂你，就是覺得討厭，心裡很煩；惱是懊惱，等於什麼都不對勁那個樣子。每人的習慣個性不同，處在一起難免有煩惱，一切眾生都有煩惱相，所以要解脫煩惱才能得道。

染污相不是煩惱相，「**染汙**」是像一塊白布染上污點，或顏色。教育實際上就是染污，如現在的佛法教育，就是準備染成佛的三十二相，這是善法的染污。而世間一切皆是惡法的染污，所以煩惱染污了自己，這是自己的煩惱心理現狀。因為一切眾生的心，皆有煩惱和染污，所以要解脫。

人的心理本來都是光明坦蕩的，因為受了外界環境的影響，教育的影響，或者受了刊物報紙、電影、電視的影響就被染污了。染污以後，就像戴上有色眼鏡，看一切東西都變色了，這樣不對，那樣不對，別人都不對，只有自己對。「**染汙**」是主觀的心理觀念形成了，認為這個就是對的，違反我這個看法的就是不對，所以「**自心極善取相**」，自己很會抓住這個煩惱。這個「**善**」是很會的意思，是形容辭，譬如我們講這個人毛筆字寫得好，就說「善於書法」，就是這個善。

「**如是如是，心有染汙，或無染汙**」。

「**如是如是**」就是這樣這樣，這四個字一加在一起，就包括很多心理行為的情況。我們大家的心也是有染污的，如果心裡無染污，而是清淨、光明、無煩惱，就證到阿羅漢果了。有染污相對無染污，這兩種都是心理狀態。

「**由此方便，心處沉等，由此方便，不處沉等**」。

因為心理有煩惱染污，所以容易沉墮，像在水中沉沒下去一樣。明白了修行的道理，此心不沉墮了，能夠超拔出來，超越世間一切。這些文字很容易看懂，但要仔細。

「**言沉等者，謂沉等四，乃至念心礙著之相，或復於彼被染汙心**」。

什麼叫「**沉等者**」呢？沉、掉、亂、著等四相，乃至心裡有障礙，思想的障礙，因為觀點不同，看一切都不對，只有我自己對，月亮下面看影子，看自己越看越偉大。心理思想被障礙住了，久而久之，胸口、胃口也礙住了，引起消化不良，或者精神緊張，所以許多胃病是思想影響。醫學上認為胃病有兩種：一是神經性胃病，身體神經衰弱；一是腦神經的胃病，用腦過度，令心礙住了。或者說，此心本來已經被染污了，在這個煩惱染污上面，更增加煩惱，更加染污了。

「**云何外相。謂即於彼被染汙心，了知自心被染汙已，便取外相，謂光明相，或淨妙相，或復餘相**」。

心的「**外相**」是什麼呢？注意！這是講聲聞乘的比丘正式修道時，心取外相，不是講佛法外的外道。修道比丘知道自己的心被染污了，形成了思想主觀，就取了這個外相，當作是「**光明相**」，或「**淨妙相**」。譬如有人修起法來，不洗手不能上香禮佛，洗了手還在淨香爐上摸一下，取這些「**淨妙相**」。世界上有很多看光的，密宗也有，當然你們都沒有看到過，我也沒有教你們，如果教你們，根器好一點的，一個星期就成功了，差一點的，三個月或一百天都可練成功。不過你們會入魔的，鼻頭畫一個圓圈，我把袖子一晃，你就在袖子裡頭看到放光，你要找東西都找到了；然後打起坐來是一片光，圓陀陀、光爍爍的，自己認為這就是妙光如來，什麼性光圓明等等觀念都來了。

所取之相很多，世界上各宗教上都有它取的外相，如天主教只點蠟燭不點香；等於佛教界「燒香不放炮，菩薩不知道，燒香不敲磬，菩薩不相信」等等著相的修法。

「**為欲除遣諸煩惱故，或令彼惑不現行故**」。為了使自己除掉煩惱，而修光明法及各種修法，一念不生也達得到。或者能令其他不好的境界不現行，由於這種心理現狀而取外相，走入心外求法的外道境界，所以是「**外相**」。

依色身作意　作意影響色身

「云何所依相。謂分別體相，即是一切自身所攝五蘊并種子相」。

這句就難了，這些聲聞乘的比丘們，學佛學久了，佛法道理都知道，什麼是性之體，什麼是它的相。譬如般若、中觀等等，是講空、講體，唯識法相宗是講相。任何一個東西都有體、相、用。虛空是以虛空為體，空為相，空容納萬有為用。學佛先要把握這個，尤其是華嚴宗、法相宗，先要了解這個道理。我們人是以肉身為體，各有不同之長相，我的相是他人所沒有的，你的相也非他人所能有。我們各人各自造業就是用。思惟分別，了解一切法的體相用，也就是自身的五蘊和種子。宇宙萬有，世界上之萬物，乃至我自己此身所包括之色、受、想、行、識五蘊等等。真要研究這一段，就要先研究《五蘊論》。嚴格分析五蘊，色蘊屬於物理，地、水、火、風、空，五色法；這也就是道家所說人身是一個小天地，是一個小宇宙的作用。

我們這個生命，個別的或共體的，都是一個阿賴耶識種子所爆發的，這是所依相。所謂所依，身體就是我們的所依；我們的能依，就像電一樣，電要通過電燈才能發光，所以電燈是電之所依。我們的自性，通過這個五蘊肉身，才能夠有作用；假使這個五蘊的身體壞了，在這個南閻浮提的世界，就沒有用了。原因是身體沒有了，雖然你的意識在講話，我們人聽不見了；但是我們講話時，那些沒有肉身的非人，在旁邊都聽見了。一個小地方就可以容納幾千萬的非人，因為非人是沒有五蘊肉身的，而我們人則有「**五蘊并種子相**」。所以這裡告訴我們，所謂求證佛法，是以這個色身證果，否則佛法就是空話了，那我們又何必學佛呢？

以此身求證才是真佛法，此身為我們的所依相；但是此身是我們暫時借用的，用了幾十年就沒有了。所以要趁這個房子沒有倒以前，趕快修持，不然就來不及了。因為人從生下那一天，已經開始在死亡的路上走了，即使活一百歲，最後也是死。所以《莊子》說「方生方死」。

「**云何所行相。謂所思惟彼彼境界，色乃至法分別體相**」。

現在所說的心理行為，行為心理，也就是你思想與感受的各種境界，就是「**所行相**」。「**色**」是物理物質的，「**法**」是精神的意識的，分別各種體，各種相，這是所行相。

「**云何作意相。謂有能生作意故，於彼彼境界，所生識生，作是思惟**」。

我們修行不是講到要先作意嗎？如果你們要研究唯識，不要拿這一段「**作意相**」去解釋全部的作意。這裡說的作意，與修止觀的作意不同，與作人造地獄業的作意也不同。現在解釋這一段作意相，是講修聲聞道的比丘們，在修習時候的作意相。因為這個生命，是能夠生出來作意的，能夠使我們意識起一個境界的。「**於彼彼境界，所生識生**」，對於外界的一切境界，所生出來的是意識所變的，意識所變的就是能夠思想。

現在時代不同，西方哲學產生了唯物哲學，把我們思想習慣性的形態，叫作「意識形態」。中國人與外國人看一樣東西，觀點不同，因為意識形態不同，表情也不同，這是思想的習慣性不同。西方哲學研究起來也很迷人，看起來幾乎接近了佛法，實際上差別很大，這也是意識心理所生的。

「今我此心，由作意故，於境界轉」。

研究唯物哲學的，認為「心」是假的，一切是唯物的，這是偏向唯物思想的說法。我說這是屬於機械心理學。拿狗來試驗，盆子一敲響，狗就來吃飯，幾次以後這狗知道了，如果盤中沒有東西，狗的口水會流出來了，這一切心理作用，都是受環境唯物的影響。不過拿唯識來講，這些說法都是依他起。唯物思想認為沒有心這個東西，所謂「一切唯心造」是一句空話。但是他忘記了，環境能影響心，心也能影響環境。

不過天地良心，唯心哲學，包括佛法，真要徹底搞通，只有靠你們修行證果來證明了。其實唯物哲學最高原理就與唯心哲學接頭了，也就是心物一元的道理，其中也很深奧。譬如說一切唯心造，你就以心造個東西來看看吧！你不能的話，也就不能說服唯物之說。如果說證道的人心能轉物，那你把那個證道的人找來看看才相信。所以要真修行，以事實拿出證明來才行。理論說得好沒有用，只能唬唬那些散男子、散女人；碰到一些真做學問的人，你要以事實求證來說明，才能服人。

所以一切唯心造，你造造看呀！譬如一個唯物論者問你，你肚子餓了，看見好吃的東西會不會流口水呀？會，可見一切心理都受外界所轉。但這是作意的，不作意就沒有這個事；既然是作意，就不能主觀的認為一切是唯物的；當然一切唯心造的證明也不夠。但是你所認為的一切皆是唯物所轉，都是受外界所影響，在邏輯上，你這個主觀就是作意出來的。

問題回過來講，研究這個作意的作用，思想的內在，就是哲學講的認識論，也就是現在所講的認知論。請問，你這個認識或認知，這個確定道理的主觀作用是什麼？先研究清楚，再來談唯物哲學。時代變得太快了，二十一世紀到來，學術更昌明，像現在世界上的醫學論文，每三分鐘有五萬多篇出來。所以這個時代是知識爆炸的時代，各大學的研究論文，五分鐘增加幾十萬份新的理論知識。你們出去弘法，如果還在五蘊、十八界……這裡轉，是不行的，所以要注意，只有以身求證這條路。

「**非無作意，此所思惟，名作意相**」。

認為是唯心也好，唯物也好，都是你意識作意所生，離開意識思想境界，你找不到一點東西的。這個能夠思惟的就叫「**作意相**」。比如我們打起坐來，一念不生，好清淨，也知道清淨，這就是作意來的，是好的作意，叫清淨作意。雖說知道是清淨，仍然是作意來的。

「云何心起相。謂即次前所說是一相，第二相者，謂心緣行緣名色相，此所思惟，名心起相」。

作意起來一種現狀，就是「**心起相**」。心理上第一個相是作意，第二個相是心緣行，緣名色……十二因緣，一個連鎖的關係，這是「**心起相**」。這樣的講，誰懂啊？你們出去弘揚佛法，光曉得佛法是不夠的，要練成一個演講家。演講與講課不同，一個真正能弘揚佛法的人，能講學，能演講，懂佛學，還要懂一切學問才行。講到這個「**心起相**」的十二因緣，「無明」就緣「行」，再緣「識」，再緣「名色」……如果說這是心路的歷程，有點回憶回想的境界，現代人才覺得講對了。十二因緣，這個緣那個，現代人聽不懂的，要用現代話來表達。

修行是什麼　睡眠煩惱隨

「云何安住相。謂四識住，即識隨色住等，如經廣說，此所思惟，名安住相」。

這幾句話比較深一點，什麼是「**安住相**」？譬如我們這個地球，今天存在就是安住，雖然將來會毀滅，可是現在這個階段是安住的。這個存在安住是「**四識住**」（受、想、行、識住），就是「**識隨色住**」，也就是精神同這個物理世界共住。像二元論的說法，說這個世界是由精神、物理，兩個合成的，就像自性光明與肉身合成的一樣。自性光明就在肉身上，就像麵粉混合了糖一樣，融在一起的。我們的光明自性就在這個肉體裡，修行就像是把凝結在麵粉中的白糖抽出來。你腿麻了就覺得痛，如果肉體裡沒有你那個靈知之性，你腿麻了就不曉得痛了。「**如經廣說**」，這個道理佛經上說得很多了，這種思想的範圍，就是「**安住相**」。

打坐修定就是把生命中散開的靈知之性，再凝結起來，然後再與肉體分化開就是解脫，回到自己的原來，這是屬於小乘的修法。大乘的修法曉得這個肉體同那個靈知之性，都是一個東西變的，不但要把這個靈知之性從肉體裡拉出來，還要把肉體轉化了，這是大乘的修法。

「云何自相相。謂自類自相，或各別自相，此所思惟，名自相相」。

人的思想意識，形成一個思惟模式，自己構成一個固定的意識形態，就是「**自相相**」。學哲學的人講話做事都有一個哲學的樣子；學科學的，如許多朋友，我給他一個名辭「科學怪人」，他那個樣子就是一個科學家；讀書人就是一副書呆子的樣子，酸溜溜的；學佛的人，滿口佛語，滿臉佛氣，這就是「**自類自相**」。你看那個基督徒之相，一看就是耶穌的樣子，沒有辦法，意識形狀形成了，就是「**各別自相**」。心理作用就有這樣大，他的思想形成了一種形態，這個叫「**自相相**」。

「云何共相相。謂諸行共相，或有漏共相，或一切法共相，此所思惟，名共相相」。

中國人到外國去吃西餐，大多感覺不合口味，這是多數人都有的共同現象。如印度人要吃香料做的飯，裡頭放酸奶的，酸得不得了，他吃得津津有味。大家都有心理共同形成的共業，這是「**共相相**」。

「**云何麤相。謂所觀下地一切麤相**」。

「**下地**」是指欲界，我們大家都粗心大意，粗心在佛法看來就是「**下地**」。下界眾生都是粗心，粗氣，忘了這個，忘了那個，這是心粗，一臉粗相的樣子。修行到了把臉相轉細，皮膚細胞都轉嫩了，這是細相。

「**云何靜相。謂所行上地一切靜相**」。色界、無色界，上界天人的境界是靜的，這個是靜相。

「**云何領納相。謂隨憶念過去曾經諸行之相**」。

所謂「**領納**」就是受相，是過去經歷過的事情。如人人都喜歡家鄉，喜歡媽媽做的菜，因為習慣了，所以走遍天下還是喜歡自己的家鄉，沒得辦法。每人個性裡都有過去、前生曾受的領納相，各自意識形成了現行，所以每人個性不同。

「**云何分別相。謂思未來諸行之相**」。

想到未來的事，這是靠思想分別，像你們年輕人在這裡讀書，念完以後幹什麼？當光頭嗎？還是有髮的？沒有頭髮的就稱法師，有頭髮的就沒辦法，自己想到前途，都會有苦惱，這些相是未來的「**分別相**」。所以曉得什麼叫分別，思惟這樣、那樣，比較性的，也就是比量境界。

「**云何俱行相。謂分別現在諸行之相**」。

指現在的心理狀況。

「**云何染汙相。謂於有貪心，思惟有貪心相，乃至於不善解脫心，思惟不善解脫心相**」。

貪戀這個世界就是「**染汙相**」，名啊！利啊！錢啊！就算另外有一個世界，像天堂，有些人還不願意生天呢。這裡玩習慣了，有冷暖氣，有電燈，蠻好玩的，他已經習慣了。這是「**不善解脫心，思惟不善解脫心相**」。

「**云何不染汙相。謂與此相違，當知即是不染汙相**」。不貪心，沒有染污，就是「**不染汙相**」。也就是說，心裡恢復清淨光明，叫作不染污。

「**此中已出離於斷，不修方便者，觀有貪等，修方便者，觀略下**

等」。

同這個欲界一刀兩斷，切斷了。能斷金剛般若波羅密，所以出家比丘對於世間的思惟習性要切斷。他說所以啊，觀察世間人，都在貪心，不修各種修行的方法。其實修行要檢查自己的心理，你為什麼要打坐修行學佛呢？因為貪心，又想證果，又想得道，又想成佛跳出三界，大貪。貪成佛也是貪心，都是一樣的，只不過你的貪換了一個目標。所以真修到不貪之地就成功了，不貪世間法，也不貪出世間法，這樣叫作坦然而住。你以為坐在那裡，把意識停一下，就叫坦然而住嗎？那只是停住而已，所以要懂教理。

以一個貪心來講，狹義之貪，是貪飲食男女之間的愛欲；廣義之貪，是貪世間一切。所以無一不是貪，貪清淨也是貪，愛乾淨也是貪，總而言之，學佛是為求解脫，但是真解脫真難。

「有貪心者，謂貪相應心，或復隨逐彼品麤重，如是由纏及隨眠故，一切染汙心，如應當知，以能對治纏及隨眠故，成不染汙」。

「麤重」是貪心粗的一面。「隨逐」是貪上加貪，跟著貪去跑，這樣由纏（結使），愈纏愈堅固。還有隨煩惱「**隨眠**」，你睡的時候它也跟隨著你。睡的時候也有貪，睡的地方要舒服，也是貪，所以比丘者，頭陀行不三宿空桑。哪裡不可以過夜啊？有人貪那個位子好，有人換了床睡不著，這叫修行嗎？

一切煩惱都會纏綿，隨眠煩惱最厲害，因為隨眠煩惱跟著你睡在一起，你還不知道，而且你還愛得要死呢！解脫不了的纏綿，使你永遠在昏迷中。「**隨眠**」這個名辭，翻譯得太好了，一切眾生根本煩惱貪等，隨時跟隨，隨眠煩惱也跟著。修行的人，一念之間被煩惱及隨眠煩惱纏走了，還要等善知識說你一頓你才了解，多昏頭啊！佛者覺也，要隨時有警覺性，要能夠醫治自己心理的毛病，也就是醫治纏綿及隨眠的煩惱。所以神秀的偈子是對的，「身是菩提樹，心如明鏡台，時時勤拂拭，勿使惹塵埃」，他是講修行的工夫。六祖講的是直接的見性，差別在這裡。真有了見地，做工夫還是要「時時勤拂拭，勿使惹塵埃」，悟後起修，才把纏及隨眠煩惱修到徹底清除，不再染污。

有人指出你的煩惱，指出你的業障和染污的心理，自己還不服氣，還不肯改，然後還抱住那習氣業力的心理，把它當寶貝。唉！就讓你去纏眠吧，反正六道輪迴也蠻好玩的，多滾幾回，我在那邊等你就是。

良藥——賢善定相

「云何正方便相。謂所思惟白淨品因緣相相」。

以又白又淨的善相修行，就是「正方便相」。白是形容善，黑是形容惡。

「云何邪方便相。謂所思惟染汙品因緣相相，即是思惟如是如是不守根門住故，乃至不正知住故，如是如是心被染相」。

邪方法、邪教都是「邪方便」，他們也有他們的這樣那樣的理論，但是「不守根門」，不回過來反省自己，六根都向外走，所以叫作外道。沒有正知正見，只是這樣那樣很多道理，心都被染污了。

「云何光明相。謂如有一於暗對治，或法光明，般勤懇到，善取其

相，極善思惟，如於下方，於上亦爾，如是一切治暗相故，建立此相」。

「**光明相**」分兩種，一種是智慧光明，是無相的光明；一種是有相光明，就是修法之光明。譬如觀日輪月輪之光明相，靜坐真得到了禪定，開眼閉眼，身體內部有智慧光明相出來，這是生理上、工夫上的光明相，是對治無明黑暗。「**法光明**」即智慧光明，是意識上的光明。求道的人要極誠懇，真智慧才發得起來。為什麼這裡又說「**善取其相**」呢？佛經不是說要你不著相嗎？是著而不著呀！佛說那麼多經典，因為佛隨說就隨解脫了，這就是「**善取其相**」。所以念佛也好，修密也好，要「**善取其相**」，生起次第，圓滿次第，性空緣起，緣起性空。要智慧的思惟研究清楚。下方世界及上方世界，都是這樣修，以對治無明黑暗，而建立智慧的「**光明相**」。

「**云何觀察相。謂有苾芻，殷勤懇到，善取其相而觀察之**」。

注意！出家比丘，這也是戒律，只要學佛就要如此，真修行人出家求道要誠誠懇懇。一般學佛的人，一來就被「空」字麻醉了，真講空，你空得了嗎？你取一個空，也就是「**善取其相**」，但要「**觀察之**」，要隨時思惟觀察，反省自己。

「**住觀於坐者，謂以現在能取，觀未來所取法**」。

譬如打坐當中修觀，完全靠思惟修，現在坐在這裡的是誰？能坐的是誰？下一步該如何。「**能取**」與「**所取**」，心的能與心的所之間，研究清楚，睡的時候也應該這樣做工夫。

「**坐觀於臥者，謂以現在能取，觀過去所取**」。

昨天睡的那個怎麼又醒？我今天怎麼又想睡，睡了到哪裡去？禪宗叫你參「無夢無想時，主人公何在」，就是這個道理，也就是思惟修，參嘛！

「**或法在後行，觀察前行者**」。

走路的時候，我這一步走過了，誰叫我走的？我的意識。那個意識怎麼叫我走這一步路呢？乃至於前面古人修行是如何成就呢？要觀察思惟，觀後後，觀前前。

「**謂以後後能取，觀前前能取法，此則略顯二種所取能取法觀**」。

這其中簡單的說有兩種，能取、所取法觀，進而能所雙亡，自性法性顯現。

「云何賢善定相。謂所思惟青瘀等相，為欲對治欲貪等故」。

怎麼得賢善定呢？這還是聲聞乘裡的。定是共法，外道也有定，魔道也有定，你不要看不起魔，大魔王如不得定是沒有神通的，神通都從定來，所以定是共法。但是學佛法的定叫作「**賢善定**」，不是世間定、外道定的修法。你以為打坐就是道嗎？外道坐得比你們還好。有一位老和尚到美國去弘法，幾位法師與一位美國在家居士，夜裡比賽打坐，這些外國朋友坐得很端正，一坐六個鐘頭不動，我說那一定是搞瑜珈的。老和尚說，幾位法師坐了四個鐘頭熬不住了，只好下座拜佛。再看一個居士，而且是外國人，坐得那麼好，怎麼辦？只好拜佛拜到天亮，大家都累死了，昏沉睡覺了。所以我們不好好修行怎麼行啊！

這是真話，是這位老和尚親自跟我說的。這是老和尚的美德，就是坦率，這才叫修行。我經常講，到外國弘法，先就在白宮門口雙腿一盤，坐半個月不起來，不管有道沒道，先比比腿看看嘛！不過說是說，縱然能如此，也只是外道定。

像你們有些人聽《禪祕要法》修不淨觀、白骨觀，觀到腳趾爛的地方，就想嘔吐了，為什麼有這個心理呢？因為你對欲界的色身，無始以來有貪欲蓋，所以你才厭煩；假設沒有貪欲的心，聽到這種法，高興得當下連腸裡的髒東西都吐了出來。你們修行沒有智慧，自己檢查不出來。老實講你們現在不淨觀觀不起來的，按照《禪祕要法》上講，要先觀自己身上爛了，蟲在上面爬，肉又爛又臭。對於不淨觀，你非要經過現場看過不行，否則你們是觀不起來的。佛在世的時候，帶他的弟子比丘們，在尸陀林修觀。印度很窮，人死後用草蓆一包，就丟到尸陀林，隨它爛去。佛帶比丘們到這裡作觀想，那當然入定了，是嚇都嚇定了。所以先修不淨觀，觀到發青發爛，這是醫治自己的貪欲心、愛欲心。修止得了止，得了定，還屬於外道，要起觀而得慧。

「**何故此相說名賢善。諸煩惱中，貪最為勝，於諸貪中，欲貪為勝，生諸苦故，此相是彼對治所緣，故名賢善**」。

解脫之後，把欲界的染污相轉成淨相，就是賢善相。

入定　住定　出定

「**云何止相。謂所思惟無分別影像之相**」。

於所緣審正觀察，心一境性，得了止。得止得定還是共法，還須起觀，開發智慧，得慧。

「**云何舉相。謂策心所取，隨一淨妙，或光明相相**」。

昏沉是頭部腦部氧氣不夠，所以要把心提高舉起來，有對治昏沉的作用。「**策心**」是鞭策，把心提一下，或者取淨妙的光明相，日光照下來，就不昏沉。但是舉久了會血壓高，散亂心會起來，就要換個「沉相」，把它降下來。

「**云何觀相。謂聞思修慧所思惟諸法相**」。

聽了經典要去研究討論，研究了以後回轉到身心上來修，修了以後得定，得慧，開悟。

「**云何捨相。謂已得平等心，於諸善品增上捨相**」。

做工夫走一步就丟一步，今天得了光明，就趕快丟光明，那就進步了。

如果貪光明之舒服，一光明，萬光明，貪光明太久，以後你就只能變成個光明而已，光明也沒有什麼了不起。所以「捨」的道理是這樣，也就是儒家的「苟日新，日日新，又日新」。我經常告訴你們，今天的進步不算數，只有明天，只有進步，永無止境的前進，不能住在一個境界上，必須捨。

「云何入定相。謂由因緣所緣應修習相故，入三摩地，或復已得而現在前」。

這是因緣法，各種因緣湊合而成，自己的生理調適了，身體健康無病無痛，心理、心境、心路、心行都對了。身心兩個因緣一湊合，本來想觀明點，但觀不起來，正好某同學開了一下電燈，光明來了，就進入定境了。這個光明是有相的，要轉成自性無相光的境界才對。有時像瞎貓碰到死老鼠，正要修習，證道的境界來了，所以入定了。

一般人解釋入定，好像硬是有個東西，像灌香腸一樣的灌進去，錯了。入定是說，譬如要光明定，結果身心一片光明，進入這種狀況，這叫入定，就是進入所要緣的那個狀況。譬如現在我們正要上課，有一個人希望進來聽課，門被他打開，因緣湊合，進來坐下聽課，這是「**因緣所緣**」。入定也是一樣，所要求的因緣與所緣都湊合了，就入定了；不要以為什麼都不知道才叫入定。

定者定住，就像小孩子玩陀螺，陀螺一轉，它定在中心，看起來好像不動，那是入定，因為動得太快了，所以像是不動。不動嗎？在動，它在中心點立正定住了，定在中心點。轉不動倒下來時，那是昏沉；快要轉下來，搖搖擺擺之際是散亂。懂了吧？佛經的東西不一定要靠佛經才能懂，很多世間事都是可以幫助我們了解的。入定是入了那個中心點，因緣所緣湊合，今天一上座，身體也蠻舒服的，心也專一，坐來很安詳，符合你的要求就對了。而你們呢？已經坐到安詳境界了，然後就想我坐了好久都不入定，怎麼使自己入定呢？在那裡害入定的相思病，當然入不了定。「**或復已得而現在前**」，你曾經經驗過的定境界，隨時可現前，行住坐臥隨時可以到達這個境界。

「**云何住定相。謂即於彼諸相善巧而取，由善取故，隨其所欲，於定安住，又於此定得不退法**」。

入定相是初步，是入門，入了定要定住，就是「**住定相**」。也就是說，我要進入這個定的境界，不管上座也好，站著也好，心境一寧靜，一會兒就進入這個境界。「**善取故，隨其所欲**」，隨時隨地都可以進入這個境界，這叫得定，得定在教理上稱「**住定**」。

「**云何出定相。謂分別體所不攝不定地相**」。

我不想住在這個境界上了，就是出定，那不是你分別心所能挑動的，那是任運自在的。「**不定地相**」就是散開了，我不在這個境界上了，等於今天我進入講堂上課，上完課，我出來走了，我不在這個境界上了，就是「**出定相**」。

什麼是增減　什麼是黑白

「**云何增相。謂輕安定，倍增廣大所思惟相**」。

身心不得輕安是不能入定的，輕安的反面是粗重，一切凡夫身心都是粗重。在相學上講，一個人根骨輕靈，是清淨相，有道之相，很快就能成道。這種人身行如行雲流水，步伐如蜻蜓點水，而步步踏實，如風飄過。這樣的人會短命嗎？未必，要看他的腳跟有沒有落地；有落地，步步踏實又是另外一種相。身心輕靈得輕安，或因修止而身心轉化了，就有這種現象。不像一般人一身都是粗重，走路笨笨的，水泥地都會響，這是粗重，所以修行輕安很重要。

「**云何減相。謂輕安定，退減狹小所思惟相**」。

輕安並不是究竟，修定得的輕安，如果不繼續用功，隨時就會減退。或者飲食調節不好，或者四大不調適，或者是心散亂，或者心起煩惱妄想來了，如此輕安立刻退失。所以這個輕安是靠不住的，不是究竟定的住相。

「**云何方便相。謂二道相，或趣倍增廣大，或趣退減狹小故**」。

知道或增、或減這兩個方便，就是「**二道相**」。

「**云何引發相。謂能引發略諸廣博文句義道，若無諍無礙妙願智等，若依三摩地諸餘力無畏等最勝功德，及能通達甚深句義微妙智慧，**

如是等相」。

在得定之後，一切學問智慧都通達了，以前看不懂的佛經，統統都懂了，就是「**引發相**」。可以進入無諍三昧，一切無障礙的智慧，一切願力，一切智慧都發起了。然後依這個定境界其他的力量，像十力、四無畏等功德，都是一學就到了，隨心所欲，以及一切無畏等法之最勝功德也都到了。這些都是從定所發的，也能通達最深的道理及微妙的智慧，「**如是等相**」全到達了。

「**復次如是諸相，即前根本四相所攝，謂所緣相，具攝一切，因緣相亦爾，前與後為因緣故，為令後後得明淨故**」。

總而言之，三十二個心相，修定的心相，都是前面所講四個根本相所包含，分析起來有那麼多，歸納起來是四相歸一念，一念再歸納就是空。總而言之就是「**所緣相**」，是有分別影像所緣，包括了一切，「**因緣相**」也是這個道理。前後互相為因果，前面動一個善念，為善最樂，心中無煩惱妄想，心和平了，上座就安詳，就容易得定。所以，前念是善，後念就容易清淨；前念是煩惱，後念就容易染污，這是簡單的一念之間的三世因果。

「正方便相，一切種別，皆因緣相，如正方便，邪方便亦爾」。

正方便有效果，邪方便也是一樣。外道法、邪道法，念念做壞事的功力，也一樣有成就。

「一是白品相，第二黑品相。諸染汙相，唯應遠離，所餘諸相，唯應修習，於彼彼時應修習故」。

學佛修道的人，一切惡業的染污、煩惱、妄念等等都應遠離，應該好好去修持善法白品。對於出家的比丘，修聲聞道的，隨時隨地都應該這樣修持。

第八講

現在正式講在修持做工夫，修定、修止觀的時候，對於四禪八定，定境界，應該先有的認識。大家看卷十二〈**本地分中三摩呬多地第六之二**〉，二百五十九頁。

作意與所緣

「**復次云何修習所緣諸相作意。謂即於彼彼諸相，作意思惟，以思惟故，能作四事**」。

這一段是綱要，提綱，首先講修行如何作意。不管任何宗派，八萬四千法門，修行第一步都是作意開始，都是意的境界。

關於作意，有一點要給大家說明，你們一聽到「作意」，就會感覺是第六意識的境界；這不是第六意識的分別境界，而是第六意識清淨面的現量境界。譬如念佛要念到「念而無念，無念而念」，一心不亂，念到一念無念的境界時，那個一念清明，一念的空，就是真作意。這個時候空的境界，清明清淨的境界，就是你作意在清淨、清明、空。這個作意的意，不是「分別」意識，是未起分別意識之前的現量境，這是我們首先要了解的。

三界六道十二類眾生輪迴之中，都是意識所造成的，成佛作聖也是意識所修成的，一切離不開意識。禪宗所講「離心意識參」，你們一定問，離了心意識怎麼參？以理論上的邏輯推理，一定會問這個問題。有人說離心意識我不參了，不能參了呀！所以諸法，善念、惡念，白業、黑業都是作意之所生，因此要了解玄奘法師的〈八識規矩頌〉中，所講意識的一句話，「引滿能招業力牽」。

諸佛菩薩把第六意識轉為妙觀察智，也是作意。所以我們現在修行的時候，先是修習作意所緣。譬如修念佛法門的，所緣在念佛；觀想者，所緣在觀想；參禪者，所緣在參禪；思惟理者，所緣在理上思惟；思惟本身也是在作意，本身就是作意。所以修習所緣諸相的作意，「**彼彼**」就是代表各種，八萬四千法門都是「**作意思惟**」。所以一切正修行之路，全是思惟修。譬如道家或密宗修氣脈，怎麼知道氣脈發動？怎麼知道氣脈通了？都是作意，是意識思惟來的，這思惟是正思惟，不是凡夫的妄想思惟。所以在作意修持當中，能夠達到四個狀況，四個標準。

一、「**謂即修習如是作意**」，譬如念佛可以念到一心不亂，念到念而無念，無念而念，可以「**如是**」，這樣的作意。

二、「**又能遠彼所治煩惱**」，能遠離一切煩惱。

三、「**又能練此作意及餘，令後所生轉更明盛**」，譬如念佛或觀明點，練習到絕對清明，達到目的，達到止定境界，三明六通自然可以做到。「**及餘**」是包括其它的很多很多，下面都有解釋。作意修止觀，譬如修念佛，真念到了念佛三昧的境界，乃至即身見佛，淨土現前，就是「**轉更明盛**」，甚至於即身成佛，即身是佛，也都是作意的成就。

四、「**又即修習此作意時，厭壞所緣，捨諸煩惱，任持斷滅，令諸**

煩惱遠離相續，是故修習如是所緣諸相作意」。聲聞眾比丘，出家正修行之路，必須要晝夜六時都在作意修持、修習。在修習的時候「**厭壞所緣**」，因一念專止，止定境界，一切外緣，包括身體四大，都能夠捨棄。「**任持斷滅**」就是煩惱切斷了，不是斷滅見的斷滅。所以因為翻譯文字的關係，你們有時候很難看懂。「**令諸煩惱遠離相續**」，煩惱真的能夠斷得了嗎？「抽刀斷水水更流」，只是暫時可以斷，使一切煩惱遠離相續，不像波浪那麼快的連續過來，這是綱要。

得定的四種力

「**復次由四因緣，入初靜慮，乃至有頂，謂因力，方便力，說力，教授力**」。

現在講入定，就是四禪八定，前面已經講過入定的條件，入定的境界，入定的定義。現在講由四個因緣達到初禪，乃至到達有頂天。有頂天的天主是大自在。佛說過，從有頂天丟一塊石頭，要經過六萬五千五百三十五年才到達我們這個地球，距離有那麼遠。大自在天主，有三隻眼，穿白衣，是十地菩薩以上的地位。所以觀世音（觀自在）菩薩的法門，是與大自在天天主的法門合一的。換句話說，你們要研究〈三界天人表〉才行，學佛的始終忽略它，這是最笨的事，也是最罪過的事，因為一切修持，都與三界天人有密切的關係。

色界天人有光色音聲，沒有肉體，色界天還是有情世界；超越色界天，才進入無色界。得初禪定的人，再努力進修，可證羅漢果，果位在色界天。大阿羅漢則寄住在三界中。所以欲界、色界、無色界也是凡聖同居之天。「**初靜慮**」修持沒有到家，或者修持已經到了一個階段，所謂「天上人間任意寄居」，可以修到有頂天去住。有頂天像我們的頭頂；超過有頂天，外面是空的，那是無色界了，所以叫有頂天。

換句話說，怎麼樣能夠得定呢？初禪就不容易得了，大家儘管講修持，不管哪一宗哪一派，在我個人的看法，世界上修持的人，到今天，真正得到初禪定的人，幾十年來還沒有看到過一個，難啊！那怎麼得到呢？要有「**因力，方便力，說力，教授力**」這四種因緣，才可能得初禪，這是原理性的說法。

「**云何因力。謂曾隣近入靜慮等**」。

「**因力**」就是有前因，也有現在的因。前世有過修持，已經有接近初禪境界的功力了，這一生再修就快了，這是過去的因；另有現在的因，因這一生發心用功，曾經瞎貓碰到死老鼠，或者一兩次接近過，或碰到過入定境界的影像。「**等**」是進入定境所有方法、方便都知道。譬如念佛，為什麼很少有人真能念佛念到一心不亂呢？因為不懂得加行方便，任何的修持都必須要懂加行方便。這是講因力的原則，下面還有種種解釋。

「**云何方便力。謂雖不隣近入靜慮等，然由數習無間修力，能入諸定**」。

大家特別注意！這一句是說，前生雖然沒有修持，沒有前因的累積，但這一生得方便之力，懂一切方法，一切加行。雖然沒有接近定的境界，但是現在努力精進，晝夜六時，沒有間斷的努力在修，所以能夠進入一切定的境界。

因力是前生帶來的，所謂再來人，他修起來很容易。如果說自己前生沒有因力，今生再修就來不及了嗎？先不說來不來得及，如果今生不修，來生怎麼辦？所以這一生還是要努力修。不過，這一生修持也不只是專為來生做因力而已。要注意他的話，尤其出家的同學，應該隨時提起警覺，「**由數習無間修力**」，注意這一句，只要不間斷的修習，就「**能入諸定**」。

「**云何說力。謂於靜慮等增上緣法，多聞任持，乃至廣說，即依此法，獨處空閑，離諸放逸，勇猛精進，自策而勵，住法隨法行，由此能入靜慮等定**」。

這一段很重要，解釋「**說力**」，修行要能與好的同參道友、善知識住在一起，隨時以道互相勉勵，研究經典，研究修行的方法，這就是「**說力**」。普通學校同學，比較好的也會坐在一起閒談，像有些女孩子在一起，一談也是三四個鐘頭，這也是「**說力**」。關於修定做工夫的各種方法，不管它顯教密宗，哪一宗哪一派，各種加行方便都要懂得。「**多聞任持**」，多學，多聽，多練習，一切方便都要學，就是要多研究，為了要成就自己的道業，無所不學，也要無所不知。這個求知不是求知識，而是一個目標，如何使我能夠證果。「**即依此法**」，得了方法以後，不再放逸，要專修了。放逸的種類多得很，譬如修行人容易罣礙，什麼事情沒有辦完，放不下啦！家庭、家人放不下啦！乃至說我這個寺廟放不下，佛事沒有做完，經沒有唸完，我的願力很要緊等。以修持之路來講，這些理由都是藉故放逸的話，天下沒有不了之事，要「**離諸放逸，勇猛精進**」才是。

文字看似容易，每句話都很難做到，就一個「**獨處空閑**」，就很難做到。你說自己工夫多好多好，把你一個人擺到深山冷廟裡去，沒有電燈，青油燈一盞，蟑螂、壁虎，到處都有，尤其深山冷夜的時候，猴子忽然吱吱叫，你的魂都掉了，哪還能說入定？所以每一句話想想看，修行有多難呀！

像我當年在廬山，自己一個人住茅蓬三個月，一天吃兩餐飯，買了五十個碗，五十個盤子，過八九天洗一次。但是天天要挑水，還要砍柴，下雨多，又要多砍柴。本要打坐修行，為了吃喝拉撒忙得不得了，這個樣子叫修行嗎？五十個碗洗了兩次也懶得洗了，很煩，結果還是把要用的洗一洗。所以你要住茅蓬，不要吹了，我清楚得很，這些我都嘗試過。當然在山上不是怕鬼，是怕老虎，老虎住的地方沒有樹，都是茅草，因為老虎怕鳥的糞便。所以入山獨處是非常難的。

其實，對自己馬虎原諒就是放逸，等一下下，喝杯茶，抽支煙，再開始修，這就是放逸，對自己原諒、寬恕，就放逸了。精進與放逸是相對的，能拿出勇氣對付自己是勇猛，那比對付別人還要難，勇猛就是精進。勇猛是一股勇氣，發起勇氣來，永久的持續下去，長久之心，永遠不斷的前進，就是精進。「**自策而勵**」是要時時鞭策自己，這是很痛苦的。這每一句話都很難做到，真能做到時，至少也成功了一半。「**住法隨法行**」，住在你主修的法門，永遠在這一條路上前進，行住坐臥，作人做事，任何起心動念，都依佛法的正思惟去修為，這樣才能入一切禪定境界。

「**云何教授力。謂於親教軌範師所，或於隨一餘尊長所，獲得隨順**

初靜慮等無倒教授，從此審諦，作意思惟，能入靜慮，及諸餘定」。

修行要善知識，要明師。老師有三種，一是親教師，譬如釋迦牟尼佛，然燈佛給他授記，是親教師。二是教授師，對一切諸佛都供養請法。三是軌範師，屬於榜樣之師，與師一起生活，學習他的榜樣、規範。這就是善知識的各種名稱。「**於隨一餘尊長所**」，要依止這些善知識明師們的地方去修持。不一定是佛教制度之下的處所，像某大名山，或某大寺中，某大和尚、大禪師等，而是找一位真有道的人，依止他修持，在他那裡得法。「**無倒教授**」，這是說一個真正的善知識，把他正修行路的經驗，傳授給我們，這是最難的。

密宗的戒律，師父隨便傳法，不慎選弟子，犯根本大戒；弟子找師父，不認識清楚，隨便拜師也犯了根本大戒。但有道沒有道怎麼知道呢？這就要自己審察，要智慧去擇法了。得了正法以後，找地方去修行，「**從此審諦，作意思惟**」，正思惟去修。「**審**」就是禪宗的參，自己好好的參究；「**諦**」就是仔細的參究，正思惟修，才能證得定的境界。乃至入初禪定，乃至超過四禪八定，「**諸餘定**」，一切定的法門境界，都可以到達。眾生有八萬四千煩惱，佛有八萬四千對治法，換句話說，也有八萬四千的定慧境界。所以得到「無倒教授」法，不但能入初禪定，並且可以入一切定境。

「**如是顯示四觀行者，謂具因力者，方便力者，若利根者，及鈍根者**」。

這一節是小結論，由上面所講的這個道理，顯示四個標準可以觀察修行人：一、觀察他有無因力、宿根，過去世修持之根；二、有沒有得方便的方法；三、這個人是不是利根；四、這個人是不是鈍根。

四種心理不同的修定人

「**復次有四得靜慮者，一愛上靜慮者，二見上靜慮者，三慢上靜慮者，四疑上靜慮者**」。

有四種修定的心理。第一是「**愛上**」，愛是貪愛這個，天生就喜歡追求修定的境界。有些人也想追求，但是降伏不了雙腿，也就算了，想等年紀大些再來修吧！這不算愛。第二是「**見上**」，在知見上理解到了，就想要發心努力求證。第三是「**慢上**」心理，看古人都能入定證果，古人是人，我也是人，他能證果，我就不能證果嗎？我就是拚了這一條命也證果給你看看！第四是「**疑上**」心理，定是什麼東西呀？做科學性的研究，說盤腿打坐就可以入定，不盤腿也可以入定，我就試試入定證明看看。

「**云何愛上靜慮者。謂如有一先聞靜慮諸定功德，而不聞彼出離方便，於彼一向見勝功德，勇猛精勤，由此因緣，入初靜慮，或所餘定，如是入已，後生愛味**」。

我勸你們多讀古人傳記，比丘尼多看《比丘尼傳》，和尚們多看《神僧傳》。《佛祖歷代通載》中也有，古人傳記中記載，他們如何去努力修行。「**愛上靜慮**」，因為先聽到修定的功德，可以得神通，十八變，可以飛起來，所以就努力去修定。譬如神足通，教理上解釋，足是功德具足，兩足氣脈必有打通的工夫。氣脈通了，雙腿、雙足，色身都氣化了，可以像氣球一樣的飄，這是可以做到的事相，都是「**靜慮諸定功德**」。功者是辛苦來的功勞；

德者得到這個境界。

像密勒日巴的傳記，大家看了都很欣賞，很嚮往，但是你有密勒日巴被老師磨練的功德嗎？我罵你幾句，你就火大了；你是要老師恭維你，將就你，你才覺得這個老師好，才要修行嗎？為什麼密勒日巴被稱為尊者，而你不能呢？想想看吧！有幾位同學受了一點小氣，就要請假了，所以很少有人審察自己的功德。功是修行的大辛苦之行，德是要很大的德行才能得到的。

再看憨山大師的傳記，他依止老師的精神，求法的精神，你做到了嗎？大家都是翹頭翹腦的，我有道也不傳給你，對不對？所以對功德兩字，大家要好好反省。你只知道別人修定的功德，但對他成功的艱苦修行過程和方法，並不去了解。就算告訴你一點的話，你也得少為足，所以跟你講了也沒有用，因為你沒有那個功德，不是法器，承受不了。

有人聽了靜慮諸定的功德，「**而不聞彼出離方便**」，只看到修成功的果位，勝功德，自己就勇猛精進起來，拚命在幹，這也是可以入定的。拚命的勇猛精進，的確嚐了定的味道，要他不修定，不做工夫，他也不幹，非修不可，這就是「**愛上靜慮**」。

「**云何見上靜慮者。謂如有一從自師所，或餘師所，聞諸世間皆是常等，如是方便，入初靜慮，乃至有頂，能得清淨解脫出離**」。

什麼叫「**見上靜慮**」？是見到上層的，超過我們的人。也就是說，有人從自己的老師，或其他老師那裡聽到，說世間法不是無常，而是常，是永遠存在的。像外道的見解、印度的瑜珈、婆羅門瑜伽師，西方宗教教義，上帝是永生，天國是永生，以及道家的長生不死，生命常在，都是常見。有人誤認為《楞嚴經》《涅槃經》都不是正式佛法，因為其中有個「常」字，所以認為是常見。常見在思想上是錯誤的見解，斷常之見落二邊，都是外道的觀點，所以外道修定的理論，說得定的人永遠不生不死，是講現有的肉身可以常在，定境界可以常在，這屬於定境界的常見理論。

至於能不能得定，落常見的外道可以得定，曉得無常的也可以得定，因為斷見、常見是思想方面的，而得定是工夫上的，思想與工夫是兩件事，不相干的。

修定的人聽到常見的理論，說修定的人可以活上一萬年、十萬年，有信心就可以做到，就可以得定。這種見解雖然是外道的見解，與修定的工夫無關，因為定是佛法與外道的共法，所以聽到常見的說法，就專門去修定，這就是「**見上靜慮**」，也的確有人這樣做的。譬如《楞嚴經》上講的，有十種修神仙的，可與天地同壽，因他沒有悟道，不能得菩提，所以也屬於外道。換句話說，佛只說了一半，如果他一悟道，證得了菩提，一樣是成佛，就是這個道理。

外道的知見認為，修道修定此身可以常在不壞，因此勇猛精進修定，也是可以得定的。但是這只限於入定的範圍來講，只講工夫，不講慧，不講見地。本論上說，這種修定，也可以隨時進入禪定境界，乃至到達有頂天。不過生為天人還屬於凡夫天人，因為沒有證得菩提。天人有凡聖之別，凡夫天人是工夫到了但沒有悟道，因為工夫到了不一定是悟了道；悟了道而工夫不到的人也很多，所以要工夫到，見地也到，才是成就。

工夫中事項很多，這裡是講禪定，禪定到了並不是法報化三身都成就，這是有差別的，所以佛法修持不是那麼簡單。得了定也沒有什麼了不起的，充其量像是一個東西幾千萬年不壞而已。大阿羅漢入定八萬四千大劫，看來也很平常，因為在定中的人，到了八萬四千大劫出定的時候，他覺得只像剛剛睡了一下下而已，不知世上已經過了幾千萬億年了。「洞中方七日，世上幾千年」，所以入定也沒有什麼了不起，還不如不入定。因為出定以後，認識的人都不在了，那個味道不好受的。

但是在這個定境裡，如果由外道而轉入聲聞道，也可以「**得清淨解脫出離**」，乃至到達有頂天。但也沒有跳出三界，或許能清淨幾個月、幾年，一念不生，解脫了，出離欲界了。其實這不過是聲聞道而已，在禪宗來說，是擔板漢中的小擔板漢，是剛入門而已，以菩薩道來講，還遠得很呢！

「**彼依此見，勇猛精勤，由是因緣，入初靜慮，或所餘定。如是入已，能自憶念過去多劫，遂生是見，我及世間皆是常等，從定起已，即於此見堅執不捨**」。

有這樣的見解，再努力修證，可以到初禪或一切定境。他的觀念上認為，世間一切皆是常，地球就是生住異滅，地球轉五個冰河時期沒有關係，地球還是地球，永遠是常，永遠存在。出定後，「**即於此見堅執不捨**」，這個見解轉不過來，所以五思惑五見惑的見思惑解脫不了，堅執不捨。

「**復於後時，審思審慮，審諦觀察，謂由此故，當得清淨解脫出離**」。

後來再仔細思考，仔細研究觀察，慢慢的參通了。參通了還是聲聞道，得阿羅漢果。阿羅漢是離欲之尊，離欲尊並不一定離色，所以要你們把三界天人研究清楚才會了解。一般學佛的都是在般若、唯識、真如的名相上轉，基本上的三世因果、六道輪迴的道理，都沒有想清楚，更不知道如何求證。我們研究佛法是為了求證，下面本論再三提出來，佛法是要用我們身心性命來求證的。

「**云何慢上靜慮者。謂如有一聞如是名，諸長老等，入初靜慮，乃至有頂，聞是事已，遂生憍慢，彼既能入靜慮等定，我復何緣而不當入，依止此慢，勇猛精勤，由是因緣，入初靜慮，及所餘定。如是入已，後**

生憍慢，或入定已，作是思惟，唯我能得如是靜慮，餘不能得，彼依此慢，復於後時，於諸靜慮，審思審慮，審諦觀察」。

憍慢是一種我慢心，好勝心。人性生來帶有我慢成分，世界上人人都有我慢，尤其修行做工夫的，以及做學問的，我慢的心更大，就是增上慢。這一種人，基本上是以我慢心修道，所以能得定，但是出定以後始終不離傲慢，又看不起一切人。認為我能夠得道，你們這些人不行，就是一種傲慢心。所以修道的人，工夫越高，傲慢越大，目空一切，因為他認為自己是做工夫才有的，是一天一天慢慢累積來的工夫；一般人不做工夫得不到，所以看不起一般人。

佛法是講空的，你也空，我也空，他也空，活了八萬四千億萬年，最後還是一場空，都是空。空有什麼值得驕傲呀？這是基本的不同，所以佛家是因空入手，看一切眾生皆是平等、同等的，所以容易發起平等的慈悲心。傲慢可以學做工夫，做學問，但永遠脫不了傲慢習氣，所以聲聞眾的許多羅漢，都有傲慢習氣，很難自我反省檢討，就是這個道理。

「云何疑上靜慮者。謂如有一為性暗鈍，本嘗樂習奢摩他行，由此因緣，入諸靜慮，或所餘定。如是入已，復於上定勤修方便，為得未得，於四聖諦，勤修現觀，性暗鈍故，不能速證聖諦現觀，由此因緣，於餘所證便生疑惑，依此疑惑，復於勝進，審思審慮，審諦觀察」。

宋明朝以後禪宗參話頭，就靠懷疑的心理來參，不起疑情就不悟，「大疑大悟，小疑小悟，不疑不悟」，就是走這個路線，利用貪瞋癡慢疑之「疑」字的心理，集中天下大疑為一疑，然後可以開悟。現在這裡所講做工夫「**疑上靜慮**」，是說有一種人根器笨鈍，像一把銹柴刀，木頭都砍不斷，自己還認為了不起。本來也學過打坐修定，很喜歡修道，也很努力做工夫，由於這種因緣，對定境界有了一點影子，但「**為得未得**」，沒有真得到靜慮（禪定）的境界。對於佛法上講的四聖諦法門，由於自身的暗鈍，不能證到現觀境界，於是就對於一切產生了懷疑。

我們講四聖諦的所謂苦集滅道，還是講文字，真的四聖諦怎麼講呢？念動就是苦集，是心之苦集，要得道才能滅一切苦，所以道是滅一切苦之因。

集就是一切眾生愛抓，念頭停不了，集中一切苦之因，苦是集之果。所以四聖諦法門，是在一念之間要修現觀求證空性的，不是光講佛學理論。因為生性暗鈍，是鈍根，所以不能證到四聖諦的現觀。如果一切起心動念都達到寂然不動，就是四聖諦的現觀入門了。

由於這個因緣而證不到四聖諦，「**於餘所證便生疑惑**」，於是就對佛法產生了懷疑，說佛法聖諦現觀，真有這一件事嗎？還是騙人的呢！一定要把它搞清楚，因疑而進入參究，而勤修之。所以後世禪修參話頭，就是走這個路線。在教理上要曉得，參話頭沒有什麼了不起的，問題是怎麼參，要有「**審思審慮，審諦觀察**」的內涵，這樣才是參的總稱。

鈍根的修法　中根的修法

「**復次云何愛味相應靜慮等定。謂有鈍根，或貪行故，或煩惱多故，彼唯得聞初靜慮等所有功德，廣說如前愛上靜慮，於上出離不了知故，**

便生愛味戀著堅住，其所愛味，當言已出，其能愛味，當言正入」。

因為喜愛禪定的味道，愛禪定所得的功德而修道，也可以得定，工夫勤修則有得。這些都是屬於鈍根人，認為打坐修道好處很大，真得到初禪定，死後就是肉身解脫；或壽命完往生欲界天，那裡有許多天女，衣食住都是上好的，你與一個天女在一起，其他的天女都不見了，所以也不會吃醋。你也可以化成天人，一身都有光，很漂亮的，有各種功德。

難陀因妻子漂亮，雖然佛陀度他出了家，但還是非常想念妻子，沒心修道。佛陀有一次就帶他上欲界天玩，看到有許多天女在那裡玩，他就去問，為何沒有男人呢？她們告訴他，有啊！是難陀，他現在正在跟佛修道，死後就生到這裡來，我們在等他。回來佛就問他，天女比你太太如何？難陀說：「我太太不能跟天女相比」。所以他拚命用功修道，工夫也不錯了。有一天佛又帶他到地獄去看，看到一個大油鍋中，熱油在滾，旁邊站兩個獄卒，似乎是等人來受刑。難陀就問犯人是誰？獄卒說：叫難陀，佛帶他上天看了那些天女，他動心了，為這個目的而修禪定，修好往生欲界天，等福報享完了，就要下這個油鍋，我們在等他。難陀嚇死了，這一下回來真修道了。

所以由修禪定的勝功德，轉生為天人，天人裡也有魔，脾氣暴躁的就是魔，也就是羅剎。男羅剎很醜，女的漂亮，他們都有禪定的工夫。禪定所通的道路很多，所以你們修禪定，不要走錯了路，那就麻煩了。這不是笑話，修定做工夫哪有那麼容易！一定要把佛法研究清楚，氣脈通了，要看你通到哪一條路去，通到羅剎路去，就變成羅剎了。

什麼是「**愛味相應靜慮等定**」呢？相應就是瑜珈，愛味就是貪戀。鈍根的人，「**或貪行故**」，因為貪欲，而入這種愛味定。貪欲有很多種，廣義之貪欲，修道為了長壽，為了成仙成佛都是貪。狹義的貪欲，乃至修密宗的，修道家的，走男女雙修的，認為男女飲食之欲既不放棄，又能成道，那多好啊！所以世界上男女雙修法就很受歡迎了。其實那是入貪欲樂定，如果執著不能解脫的話，就走入這個定境，屬於鈍根之類的人。這類修成功的果報是生欲界天，好一點的是欲界天的上層，但是若干劫後，天人福報享盡，花冠萎縮，就要死亡，照樣下來到輪迴中。所以哪一層天道，要什麼功德？什麼見地？什麼工夫？才能往生的，你們要研究清楚。這些都沒有研究，動不動就來個大乘，乃至大徹大悟。大個什麼？大個屁！那是空話。學佛的人要把基本的三世因果、六道輪迴、三界天人搞清楚才是根本。

這種鈍根的人「**或煩惱多故**」，修定要清淨，煩惱多怎麼修定呢？有些人修定，如道家畫符唸咒，及搬運法，及催眠術等等都是定的工夫。玩魔術、玩瑜珈的都做得到，苯教的也做得到，都是以煩惱心而修定。由此可知，人的心力有如此之大，菩薩有神通，凡夫也有神通。像高樓造的那麼漂亮，人還到了月球，都是人的神通。這種因為煩惱多的原因，聽到修得了定境界能使人昇華，上生天道，但又不了解出離方便法門，「**便生愛味**」，愛味就是貪戀，這種靜慮叫愛味。還不止一個境界，是很多的。所以佛經每一句話，每一個字，都很慎重嚴謹。

「云何清淨靜慮等定。謂有中根，或利根性，等煩惱行，或薄塵行，彼從他聞初靜慮等愛味過患，及上出離，勇猛精進，入初靜慮，或所餘定，如是入已，便能思惟諸定患過，於上出離，亦能了知，不生愛味」。

中等根器的人，一念清淨入定，不走貪欲之路，因為他天生煩惱少，比較清淨。當然過去世有修過的，一聽到修定，就清淨出家，至山林打坐入定，這是中等根器，中等的利根。六祖講禪宗是接引上上根器的人，所以大家自己標榜學禪宗，不過大家反照一下，自己是什麼根器總要知道吧！禪，談何容易啊！就拿禪定來講，達到一味清淨已經是了不起了，那也不過是中等根性而已。

如何修無漏果位的定境

「云何無漏靜慮等定。謂如有一是隨信行，或隨法行，薄塵行類，彼或先時，於四聖諦已入現觀，或復正修現觀方便，彼先所由諸行狀相，入初靜慮，或所餘定，今於此行此狀此相，不復思惟，然於諸色乃至識法，思惟如病如癰等行，於有為法，心生厭惡，怖畏制伏，於甘露界，繫念思惟，如是方能入無漏定」。

這是大阿羅漢無漏果境界，一切無漏，是中乘道聲聞之極果。如何得呢？一種是「**隨信行**」，正信佛法，即斷疑生信。《華嚴經》上說，「信為道源功德母」，信自己就是道，就是佛，可參看《大乘起信論》之信行。但是據我幾十年經驗看下來，不管在家出家的學佛人，好像沒有一個真正信的，多半是功利思想來追求佛法，包括大家諸位在內。所以，真正能夠正信確有此事的人，很少，也很難。

一種是「**隨法行**」，很多人儘管學佛，研究佛法，也很會講，但是這個「**行**」做得到嗎？所以學佛最好能隨佛法而修行。另一種是「**薄塵行**」，對於世間的留戀很淡薄。一般人說：「我對世間看得很透，毫不留戀」，那都是吹牛的。所謂世俗塵勞淡薄，就是當他要修道的話，馬上可以將世情一刀兩斷。還有一種是過去對於四聖諦法門，已經證入現觀之道，所以才會塵勞淡薄。人生每人都有很多煩惱痛苦，現在與同學嘔氣也是煩惱，舉凡任何一個觀境上，現觀莊嚴，馬上可證入四聖諦。故彌勒菩薩有一本《現觀莊嚴論》，注重煖、頂、忍、世第一的四加行，所以不做工夫不行，現觀莊嚴之路非做工夫不可。

一種是「**正修現觀方便**」法門，在這現觀境界，走無為法門，一入手自然就空了。永嘉大師說，「不除妄想不求真」，「了知二法空無相」，一門深入就直接到達。對於一切有為法「**心生厭惡，怖畏制伏**」，起心動念只在這一個心念，不管是惡念、善念，心念有一點動，自己就害怕，就認為修行不得力。所以要於甘露清淨法門，念念正思惟，這是八正道之路，這樣才能進入無漏定境，得阿羅漢道。

工夫有進退　方法有抉擇

「**復次云何順退分定。謂有鈍根下劣欲解，勤精進故，入初靜慮，或所餘定，於喜於樂，於勝功德，不堪忍故，從靜慮退，如如暫入諸定差別，如是如是還復退失，乃至未善調練諸根**」。

做工夫修定是有進退的，有時進了又退，有時退了又進，工夫很好也會退的。為什麼會退呢？因為定不是慧，慧是一悟千悟，一悟永悟；定是做工夫則來，不做工夫則不來。下等根性的人，因為開始勇猛精進，打坐想得個道，而進入了一些近似定的境界，「**於喜於樂，於勝功德，不堪忍故**」，但是對於正定得樂功德並沒有達到。很多人也曾有這個經驗，坐在那裡歡喜無比，好像發神經病似的，有些人就笑不停，也有哭不停的。對於這種情況，現代人一知半解的醫學常識，就說這是精神的毛病，變成學道障礙了，要吃什麼鎮定劑，送精神病院。

其實當身心正進入近似定的境界時，由於氣脈的關係，心中忽然發起無比歡喜，過一陣子就好了，知道這個原理就沒有事。在身上發起大樂時，有無比的快感，如果對快感一沉迷一貪戀就不行了。或者看到佛啊，菩薩啊，自己昏了頭，受不了，以為自己悟了，證得了菩提。結果就定不下去了，定境界也慢慢退失，進步不了啦，這就是「**順退分定**」。這種退步是自然有的境界，只要你一得定，這個魔境障礙自然會來的。

「**云何順住分定。謂有中根，或利根性，彼唯得聞諸定功德，廣說**

如前愛味相應，於所得定，唯生愛味，不能上進，亦不退下」。

中根或利根的人，由於貪戀這個定味，住在這個快樂的定境界中，得少為足，既不上進，也不下退。

「云何順勝分定。謂有亦聞出離方便，於所得定，不生喜足，是故於彼不生愛味，更求勝位，由此因緣，便得勝進」。

有的人聽到修法的出離方便，得定也不執著，不會愛戀，就不斷的努力上進，初禪，二禪……一直上進。

「云何順決擇分定。謂於一切薩迦耶中，深見過患，由此因緣，能入無漏。又諸無漏，名決擇分極究竟故，猶如世間珠瓶等物，已善簡者，名為決擇。自此已後，無可擇故，此亦如是，過此更無可簡擇故，名決擇分」。

真正修道，得聲聞果，證果的人叫作「**決擇分定**」，是智慧的決定選擇。在「**薩迦耶**」，就是我見，眾生相之中，看到眾生輪迴苦惱，即使生天，即使作帝王，即使成仙，又有什麼意思？這是一切徹底無我的境界。「**深見過**

患」，覺得一切眾生都在我相、我見中輪迴苦惱，都是毛病，只有出離，證得菩提才是。由這個因緣，能證入無漏果，這無漏果是智慧決擇來的。決擇等於你在百貨公司挑東西一樣，一大堆的珠寶，憑自己的智慧選擇，知道是真的珠寶，就買了，其它的看都不看，這個叫決擇，決定性的選擇，智慧的認定。換句話說，就是用智慧認定所走的這個路，是證得無漏果大阿羅漢的究竟，一切外道、魔道，一切方便在所不顧，就是夾山禪師的話：「龍銜海珠，游魚不顧」。所以說修行證道，是智慧的決擇。

「復次云何無間入諸等至。謂如有一得初靜慮，乃至有頂，然未圓滿清淨鮮白，先順次入，乃至有頂，後還次入，至初靜慮」。

什麼是「**無間**」入「**等至**」定的境界？入四禪八定如入游泳池一樣，可任意遨遊，剛進入初禪定，等一下就進入二禪、三禪，而可到有頂；或者一上座就入四禪定的境界，等一下又轉回初禪定之境界，非常自在。這是說一個初初得到定境的人，乃至工夫達到色界有頂天的境界，但是內心很清楚，知道自己的善行功德還沒有圓滿，還沒有清淨，不是新鮮潔白的，還有污點。

有時候雖一念不生，但是清淨裡頭還有不清淨，就是貪瞋癡慢疑的輕微污點，自己檢查不出來。

譬如一個人是非善惡太分明，世間法看來是對的，以佛法來講那是瞋念。一些人慈悲度眾生，願力宏大，佛法講起來是對的，以菩提道來講是癡業。這個情況，修行人不到圓滿潔白的時候，是分析不出來的，因為白紙上這一點灰塵，一個芥子那麼大的污點擺在眼前，全面的清白你都看不見了。所以貪瞋癡慢疑，如果你說自己沒有，或很少，你少吹牛了，談何容易啊！甚至修到有頂天境界時，都未能圓滿清淨鮮白，還有些微餘習瑕疵。必須再以四禪八定境界，各級各級的歷練，歷練透了以後，才能達到圓滿清淨鮮白，然後才能於一切定境，一切三昧自由出入。

第九講

四禪八定是聲聞眾的出世間修法，也是必須要經過的修習，就連釋迦牟尼佛本身，都是經過這個工夫的修持，才證得菩提的。後世佛學、佛教，反而把四禪八定變成空話，甚至於打入小乘不相干的範圍。因此學佛的雖多，修證的很少，證果的更少。所以我們必須要以一個真正審正的心情來研究，去修證。無論如何，世間、出世間的成就，四禪八定是必經之路，現在繼續原文。

先圓滿清白　再進步修定

「復次云何超越入諸等至。謂即於此已得圓滿清白故，從初靜慮無間超入第三靜慮，第三無間超入空無邊處，空處無間超入無所有處，乃

至廣故，無有能說，逆超亦爾」。

這是講修定做工夫的重要，修行不是一個口頭上的信仰，也不是打打坐，搞搞學理思想，而是如何超越世間，證入「**等至**」。要想達到這個目的，首先四禪八定大小的境界，都必須得到圓滿清淨的白淨業。這裡如果只看文字，為研究佛學，「**圓滿清白故**」這句話，很容易懂，就是心性的清淨面都圓滿了，就是白業，起心動念處沒有一點雜染、惡念，只有至善。

假定我們不做工夫去求證，看到文字這一句，以為自己看懂就過去了，這就很可惜，很糟糕了。關於這個圓滿清白，本論下面就有說明，你看了就懂了；這也告訴年輕同學們讀古書，尤其讀經典，不可以馬虎。假定你精神不好，剛好讀到這一句就停止了，以為自己懂了，下面接下去的，你以為是下一段了，那就完了。所以「好書不厭百回讀」，好的書不能討厭，不能不耐煩，即使讀一百遍還不完全懂。譬如你們看《六祖壇經》，或者其它古文經書，你讀一百次，每次的感受都不同。不像近來有些白話作品，只有三分鐘的價值，報紙只有一分鐘的價值，看過去就沒有了，都曉得了。而且那些文字都是廢話多，重要的只有一兩句。古書則不然，這是特別要向年輕的同學叮嚀的地方。

得到初禪定以後，無間斷的更求進步，漸漸證到了第三禪；更求無間斷的進步，進入空無邊處定；不間斷再進一步，超越到無所有處定。這是順次序自主跳躍來的，是鈍根的修法，也就是老實的修法循序漸進。所以不要把自己看成是利根，即使利根的人也不會把自己看成利根；愈是利根的人，做工夫愈是走最踏實、最笨的路子。能如此，這個人一定會成就。我也經常告訴大家，世間法、出世間法，有一個不可變更的原則，就是第一流聰明的人，在修持求學上，是做最老實的工夫，也一定會成功。而最笨的人，總是在理想境界，做最聰明的事，所以沒有不失敗的。世間法、出世間法之道理是同樣的，所以我常常告訴你們，一般人多是假聰明，是那張嘴巴聰明，這有什麼用呢？要走老實的路子才行。

所以現在講四禪八定，這些是老實的路子。「**乃至廣故**」，意思是說，由第一流的根基，也許剛剛學佛，一上來就到了四禪境界，乃至到達非想非非想定的境界。雖然如此，凡是這樣利根的，他必然會回轉來，寧可由第四禪轉回頭，再從初禪開始求證過。據我幾十年經驗下來，世間法、出世間法的人，成功的人多半是如此，最怕是假聰明，千萬要注意。

不從順序的路子修的，是先證到非想非非想處定，然後再轉回來，由最基本的定開始。同時我經常告訴大家，學佛及世間法也都是這樣，最初的就是最後的，最後的就是最初的。一個人基礎打不好，什麼都沒有用，沒有用的人怎麼辦？回轉回來，趕快打好基本功，這是聰明人走的老實路。

「**以極遠超第三等至**」，第三等至就是第三禪境界，由初禪修到第三禪的定慧境界，是離喜妙樂，無覺無觀的境界。這個得樂的時候，密宗、道家的氣脈，雙修等等，到了第三禪時這些已經不須要了，這些都變成渣子了。除非他還要利生，才起這些用，不利生就不用了。因為離喜得樂的時候，所有的氣脈統統轉化了，色身四大也已轉化了，不然不能得樂。樂不是你們所想像的，你們現在打坐也有點小輕安，或有點小樂的境界，不要認為就是禪了，還遠得很。

「唯除如來，及出第二阿僧企耶諸大菩薩，彼隨所欲入諸定故」。

唯有成了佛的人，乃至大菩薩修行，修到過了第二阿僧祇劫的，才能隨意入定。一個凡夫開始學佛，在教理上說要經過三大阿僧祇劫才能證果成佛。修到第二阿僧祇劫的，已經快要到七八地以上的菩薩地了。這裡是說，只有佛及超過了第七遠行地，到第八不動地等的大菩薩，才能隨心所欲，要入哪一種定就入哪一種定，所以大家不要隨便吹牛了，這是要有實際工夫的。

熏修得了定　解脫未得果

「復次云何熏修靜慮。謂如有一已得有漏，及與無漏，四種靜慮」。

後世有些講禪宗的，說「一悟便休」，悟了就不修了。沒有這一回事，因為諸佛菩薩都還在不斷兢兢業業的進修，所以法門無量，修行也無量，功德也無量。看《觀佛三昧海經》，乃至看戒律，就看到佛領導大眾時，有一位眼睛失明的比丘，佛聽到他找人穿針線時，就出定下座來幫他穿好針線。

這位比丘就問是誰，佛說：「我是釋迦牟尼」。比丘說：「世尊！你怎麼親自來幫我穿針線呢？」佛說：「我也在培養功德啊，你修你的，我修我的，你在修，我也在修」。比丘問：「你已經成佛了，還要培養功德嗎？」佛說：「為善培養功德哪有止境」。大家千萬注意！這就是修行，所以悟後正好起修，正好做工夫，更何況沒有悟的人呢，更要修行了。

假定有一個人已得有漏果，就是初禪至四禪中的有漏羅漢。這些有漏羅漢們之中，一種是得了道沒有神通；一種是得了道有神通。至於得了有漏果的鬼神，也都有神通，但是不明道。所以已經證得有漏果的，還是要再來的，因為不是究竟。得了有漏的及無漏果位的四種靜慮，就是四禪的境界都到達了。

「為於等至得自在故，為受等至自在果故，長時相續入諸靜慮，有漏無漏，更相間雜」。

這些能隨心所欲，能夠證得解脫自在的，是自己證到的。但是能不能到達隨時自在的果位呢？那又是個問題。譬如悟了道，明了理，《楞嚴經》也說，「理則頓悟」，但是你事相上沒有證到，身心都沒有轉化，就是沒有得果位。譬如講空，空的思想、道理都到了，但是空不了，一天到晚都在煩惱妄念中，都在七情六欲的變化之中，當然不能得自在。真得了自在，還要證到自在果，有成果。所以要長期的練習，無間斷的練習。世間法、出世間法的工夫，都要互相間雜的練習。

「乃至有漏、無間無漏現前，無漏無間還入有漏，當知齊此熏修成就」。

乃至世間法的有漏果，也要隨時修出世間法，無漏果現前，則能超越跳出世間，得無漏果。還要再進入世間來練習，磨練自己，熏修自己，考驗自己，要世間、出世間並進並修才能成就，也就是無漏有漏並修才能成就。

「若於是處、是時、是事欲入諸定，即於此處、此時、此事能入諸定，是名於諸等至獲得自在」。

修道的人想進入定境，馬上就可以在這個地方、這個時間、這件事情上，進入定境，這個樣子才叫得到定的自在。像現在大家打坐，有人在前面走走路啦，講講話啦，就受不了，他的禪座就搖動起來了。地方不對你就定不了；乃至坐的位子沒有鋪好，也定不了。但是生死到來的時候，是不等你的，說這個位子不對，我慢一點死，行不行呢？你在閒處獨居的地方快死時，你對閻王說，我現在太淒涼寂寞，你把我送到市中心人多的地方死好不好？行嗎？所以要注意，得定要隨處可定，隨時可定，隨事可定。也就是說，雖然正在一件事中，我要丟就丟掉了，就入定境去了。

所以，許多人打坐是談不到修定的，都是在昏亂境界，自己還說是在修定，我只好一笑了之。不過這也是凡夫定之一種，得無記果，記憶力愈來愈差，智慧也差，肚子也胖起來。所以千萬要注意，定是「**是處、是時、是事**」，隨便要入哪一種定，就入哪一種定的；就是在冷廟孤僧的境界，也能入到熱鬧光明之定裡，那樣才可以住山。天冷就進入火光三昧，則發煖；天熱就進入雪山三昧，馬上得清涼。就像孔子說的，「隨心所欲不踰矩」，孔子七十歲才敢講這個話，才可以得自在。

「等至自在果者，謂於現法樂住，轉更明淨，又由此故，得不退

道」。

剛才講隨時、隨處、隨事可入定，可自在，但是並不一定得果。也就是說，現在父母所生之身，在壽命終結的時候，遷世到哪裡還不知道呢！因為你的果位還沒有把握。什麼是有把握呢？想往生人間或天上，任意寄居，只要一念就可以去了，那才叫作有把握，也就是有能力，有確實的把握，可以去到要去的地方，這才是得果。等於我們有一種特別的護照，可在各國自由出入一樣。所以說雖然得自在，不一定得自在果，什麼是證得「**等至自在果**」呢？不管在家出家，以現在現行晝夜六時，不管有無做事，「**於現法樂住**」，都住在法樂的境界裡。樂是身心兩方面都發樂，就是得自在果了。進一步「**轉更明淨**」，渾身光明清淨，全身氣脈細胞都是非常明淨。我常說有些做工夫的，臉上又不明又不淨，至少外形也應該明淨，當然內在更要明淨。由於工夫到這個境界，可以得到小乘果位的「**不退道**」，不會退轉，也不下墮了。

未了還須償宿債

「**又淨修治解脫、勝處及遍處等勝品功德能引之道**」。

隨時可以得解脫，乃至說心上任何煩惱擺脫不了的，到這個程度就解脫了。大家一定會問，如果解脫了，那以前欠人的債，欠父母子女的情，怎麼辦？當然業果還是在的，只是暫時解脫，暫時請假而已，將來再來還，甚至於可加倍的還。可是想解脫就可以隨時解脫。「**淨修治解脫**」是說，雖然得了道的人，真到了業果來時是解脫不了的，所以要「**勝處及遍處等**」，任何定境界，任何環境，說無量就無量，說無邊就無邊，說空就空。這些超越三界，超勝的各品，各各階層之功德，「**能引之道**」，都是引發菩提道的，都要進步再修持。雖然工夫到此得了定，還要善行，萬行門中不捨一法，起心動念，作人做事，只有反省自己，積極為他、利他，就是「**淨修治解脫**」了。

「**若有餘取而命終者**」。

在這樣熏修，修持中，還有業債沒有償完，叫作「**有餘取**」。如六祖，有一天要弟子拿出一包錢放在禪房桌上，晚上打坐時，有一刺客進來。六祖說：前生我只欠你錢，沒有欠你命，錢在這裡。這個人沒有殺他，反而皈依了他。所以多生累劫所造的業債都要還的，連佛陀也是一樣，雖已經成了佛，也還了好幾次債。又有好多成就的祖師，也都是還了債才走的，像木訥祖師也是被人毒死的……這種例子好多好多。修持境界愈高的修行人，對於三世因果、六道輪迴愈明白、愈清楚、愈畏懼。

但是佛也說過，不要怕結緣，有時緣多結一點才好，最怕沒有緣，所以好緣、逆緣都沒關係。其實有逆緣也不壞，說不定他成就了，他生來世你們之間還有這個緣，他可以來度你；沒有這個逆緣的人，或根本無緣，結也結不到緣，那作個什麼人呢？如果只顧自己，一點小功德也不培養，一點人緣也不結，有什麼用啊！所以未成佛道，要先結人緣。這個「**有餘取**」是這個道理，帶很多業債而死去的人，就是「**有餘取而命終**」。

餘取還有一個意義，就是不想證涅槃，先生天玩玩吧！停留一段時間再來。

「**由此因緣，便入淨居，由輭中上品，修諸靜慮有差別故，於一切處受三地果**」。

像你們現在就是軟修，一邊散漫、放逸、睡覺，因為有三大阿僧祇劫，現在才開始，慢慢來吧！軟修的慢慢修，與精進努力的上品修，差別很大，而且禪定的境界也有差別，在天人之際受的果不同，就是有尋有伺地、無尋唯伺地、無尋無伺地，三種不同的果。

「**如前有尋有伺地，已廣分別**」。

修行做工夫，證果的果地也有差別，自己曉得證的果地在哪裡，教理很通達，對自己的工夫非常清楚，這些在本論有尋有伺地裡，對於修行做工夫的道理，有很詳細的說明。

「**修習無尋唯伺三摩地故，得為大梵**」。

這位行者還餘習未盡，在梵天修習「**無尋唯伺**」。尋伺過去翻譯為覺觀，實際上，尋伺是把覺觀的境界翻譯出來，形容做工夫的心理狀況。尋伺是做工夫的心理，找這個境界，像找插頭一樣，有時候插對了，有時候插不對，即使插對了的，也是要看一下，察一下，這是「**尋**」。「**伺**」是有等待的意思，隨時在這個境界裡頭，等待在這裡。

修習到了「**無尋唯伺**」地，是隨時都在這個定境界裡，不須要尋找了；也就是妄念不起了，靈明覺知都不要保持了，唯伺，唯觀，只有空，或者是清淨，或者是光明。到這個境界「**得為大梵**」，就是大梵天，所謂梵，就是清淨，是色界天初禪的最上層。

「**由輭中上上勝上極品熏修力故，生五淨居**」。

由於最優異努力的熏修，由初禪就跳升到了四禪五淨居天了。

「**當知因修清淨靜慮定故，生靜慮地，不由習近愛味相應**」。

因修定的原故，果報可生色界禪定天，也就是在三界九地之中靜慮地。生色界天是因為修定來的，行善不是也生天嗎？是的，但是要看行善的程度，大善可以生欲界天，如中國文化講「聰明正直死而為神」，這個神大部分在欲界，四天王天之下的神人、天人，還在欲界裡，有欲界之神通。對欲界之上的色界天，他就無能力知道了。要想生色界天，除了行十善業道之善行功德外，還要修養內在靜慮，這就不容易了，要注意這個道理。

因修清淨的禪定，一般人是在修行，而對欲界的世間還很貪戀，愛味得很。口說慈悲，而是真愛味，假慈悲。有人說：「孩子還小，一切眾生都要度，我的孩子也是眾生呀」。實際上這是世間的愛欲味，不是究竟之慈悲。真慈悲只有一個，對一切眾生皆是「同體之悲，無緣之慈」。愛味之心在基督教是講愛心，我們把愛味之心當做欲界的慈悲是不對的，不可以亂加名辭，自己的心理上要辨別清楚。如果辨別錯誤，就被見思所惑，你所證的果位，修持的證果就有問題了。不管你修哪一宗，哪一派，如果教理不清，都是盲修瞎練，都是外道。這個修清淨靜慮定，生靜慮地，「**不由習近愛味相應**」，不是世間法的愛心能夠達到的。

愛味下墮　樂有差別　解脫有八

「**既生彼已，若起愛味，即便退沒**」。

由禪定功德生大梵天，五淨居天等等，雖已生色界天的靜慮地，如果有了愛味的話，照樣會下墮。所以沒有跳出三界外，還在五行中，還在天道中。無色界也是同樣的，只是天人的愛味與我們的愛味不同。佛經上說：我們吃的上品飲食，以天人來看是臭的，不管葷的素的都一樣。所以境界不同，愛味就不同。等於一個人錢多生活環境好，看貧民的生活環境就不能忍受了；又像在山上住慣了，到了城市就受不了城市的空氣。所以天人有天人境界的愛味貪欲，好容易修到天界，結果又動了愛味之心，就會退沒了。

「**若修清淨，還生於彼，或生下定，或進上定**」。假如把愛念再轉為一念清淨，就又還生到那裡。為了動一點點愛味心，就從淨居天墮下來了，下墮了一層天或二層天，就像現在大樓，由十二樓下墮到十一樓、十樓、九樓去了。或者更上進一步的定。

「**先於此間修得定已，後往彼生，何以故，非未離欲，得生彼故**」。總而言之，禪定境界，出家比丘修的是離欲，所以先要遠離愛欲。

「**非諸異生，未修得定，能離欲故**」。一切不同的眾生就是「**異生**」，是指人以外的；一切眾生都是生命，只是不同生命之成果、境界。生天道是要能離愛欲的人，得禪定境界才能生上界天道。其他一切不同生命的眾生，因為沒有離欲，故不能得禪定，當然不能生五淨居天。

「又非此間及在彼處，入諸等至，樂有差別，唯所依身而有差別」。

禪定生天的境界，並不是只有這個世間，乃至「**彼處**」，即天道，各處快樂的環境都不相同。等於我們人世間，有錢愛坐車子就有車子坐，天人境界也一樣。不過，這裡所說的快樂不是指這種快樂，是「**所依身**」的不同而有差別，也就是人世間及天人境界的快樂有差別。我們的肉體是我們所依之身，當然我們的身體也與我們自性是一體之所生，就是阿賴耶識一體的兩面。看看現在在座的每一個人，一年三百六十天，不在病中即愁中，身體好的人，煩惱就多，就是說，這個所依的身，業果有差別。

所以天人的境界，他所依身的業果也有差別。善行功德到，禪定到，天人境界渾身都是光明，不是我們想像的光明，不是世間這個光明。因為天人威嚴莊嚴的色相，不是世間愛欲之所生，而是勝功德之所生。這話這樣講，畢竟大家沒有經驗看見過，也不是大家想像的，只是在理上要曉得「**唯所依身而有差別**」，就是身量有大小，光明有大小。

「**復次已說修習作意相差別，云何攝諸經宗要。謂八解脫等，如經廣說八解脫者，謂如前說有色觀諸色等**」。

前面已經講過修行如何作意，開始如何修定，大家還記得吧！歸納起來：影像所緣，分為有分別、無分別兩種。包括一切法門，都是「**作意相**」的差別，這與釋迦牟尼佛所說的經典，各宗各派的修行方法要點，有個歸納性的原則，就是八解脫，教理上也叫八背捨，前面已經講過了，就是「**有色觀諸色等**」的八解脫。

「**前七解脫，於已解脫生勝解故，名為解脫**」。

前面七種解脫，工夫真做到了，才是解脫。這裡大家看經不要馬馬虎虎的看過去，你工夫做到了解脫的境界，你的見解到了、智慧開了，生出解脫的知見。等於六祖見五祖的時候說：「弟子自心常生智慧」，就是生勝解脫，這樣「**名為解脫**」。如果工夫到了，而智慧不開，不算解脫。打起坐來有定，放下腿來，定也找不到了，這哪裡叫解脫？一切處、一切事、一切時，皆在定，而且智慧隨時在解脫，這才叫解脫。

「**第八解脫，棄背想受，故名解脫**」。注意！大家現在打坐，有幾位有一點入門的，但是考察自己看看，你坐起來，意境上有思想沒有？有感受沒有？身心上這裡氣脈通了，那裡氣脈動了，這都是觸受境界，都在五蘊的受蘊上轉，哪裡有解脫！要棄捨「**想受**」才行，就是拋棄感覺與知覺，如如不動，證入性空。如百丈禪師所說：「靈光獨耀，迥脫根塵」，六根六塵，沾不住了，體露真常，到了這個境界，才叫作解脫。

八解脫之第一

「云何有色觀諸色。謂生欲界已，離欲界欲，未離色界欲，彼於如是所解脫中，已得解脫，即於欲界諸色，以有光明相，作意思惟，而生勝解。由二因緣，名為有色，謂生欲界故，得色界定故，又於有光明而

作勝解故」。

這是八解脫的第一條，這一段一氣呵成，其中包括很多道理，下面再加解釋，學佛做工夫的要注意。「**有色觀諸色**」，舊譯為「內有色觀外色」。我們現在在欲界中，並沒有離欲界欲；這裡說「**離欲界欲**」，是說生在欲界裡，得了初禪定或二禪定，就是已經漸離欲界的欲了。《金剛經》說須菩提是樂阿蘭若行者，是離欲阿羅漢，故為佛十大弟子之一。

雖已離開欲界的欲了，不過還沒有離開色界的欲。譬如愛清淨，愛山林，愛書法、詩詞文章，唐宋以來很多的高僧大德，什麼都不愛好，只愛好山林之美，江上之清風，山間之明月……好不好呢？好，但是，這些都屬於色界欲，是色界的愛。學佛要觀察清楚，更要把自己觀察清楚，不要去觀察別人，觀察別人損德。觀察自己，反省自己，檢討自己，改正自己，才是功德。我這個話是包括一切人等，不是針對哪一個人，如果說老師在講某一個人，那就錯了，那是世俗的想法。

所以離了欲界之欲，欲界欲解脫了，但未離色界之欲。「**即於欲界諸色**，

以有光明相」，打起坐來有時候瞎撞而撞到光明，但是這光明是作意所生，阿賴耶識種子帶到第六意識作意來的。況且，這光明是欲界的光明，色界的光明你看都沒有看過，所以你定中的境界沒有離開欲界的習氣。乃至你所見的佛，所見的菩薩，都還是你欲界裡的意識境界。是不是這樣啊？連假想都想得到，如果假想都不敢想，你還想修行成佛嗎？譬如密宗有看光的修法，小乘禪觀有光明想的修法，這些光明想，都是利用欲界的光明來修的。

譬如修淨土《十六觀經》的日輪觀，這個日輪就是欲界的色，對不對？這個光明相，是欲界的境界，利用欲界的光色的色相而修的。如藝術家，畫家，畫得真善美，還是離不開七彩之光明，這都是欲界中的光色。至於色界裡的色，你就不曉得了。現在太空中的光色，還是在欲界中，還不是色界中之色，至於現在太空裡頭的黑洞，它裡頭是什麼光色？現在科學還不知道，黑洞裡頭也可能有眾生。譬如曠野裡頭，夜間活動的眾生，比我們人類還多很多倍。黑也是光，這類愛黑夜的眾生，不知是否怕白天的光明，也許只有我們人類愛白天的光明。

所以作光明想，是欲界光明色的修行，可以作意思惟，觀光明，如觀日輪，觀起來定住，內外只有一片光。但是要明白，此時不要認為到家了，如果由光明定境界而生智慧解脫的，就是正果，這是修道，這是佛法；如果只住光明定境界而自認證果的，那是見地尚未透徹，因為這個光明境界，還是阿賴耶識之所生，所以不算究竟。道理了解了沒有？（同學答：了解。）

「由二因緣，名為有色，謂生欲界故，得色界定故」。在欲界進修，我們了解了，上界，上一層的，即色界的光明。在證到了二、三禪的境界時，色界的光明就漸有所知了，上界的光明一接觸時，無比的清淨，雜念都起不來的，那舒服極了。舒服也是欲界的話，姑且拿這個話，說明這個情況。

「又於有光明而作勝解故」。

在光明境中生起智慧，生起殊勝的見解。

「問：觀諸色者，觀何等色，復以何行」。

觀哪種色呢？又以哪一種法門修行呢？這是問題。

「答：欲界諸色，於諸勝處所制少色，若好若惡，若劣若勝，如是

於多，乃至廣說」。

初步的修習，不要理想太高，一開始就想證到色界那個光明，是不可能的。像色界的光音天，佛法講人類的祖先來源是光音天的天人下來的，但這不是原始人種的說法。在地球形成以後，光音天的天人來玩，就像我們現在探索其他星球一樣。光音天的天人滿身是光，在太空自然飛行，就是自由來往。到了這個地球，玩久了吃地味，光明減退而身體變粗重，飛不起來了，只好留在地球上。後來慢慢產生了男女之愛，就等於《聖經》上所講的吃了蘋果一樣，一步一步來，但這還不是原人論。

佛法講，光音天天人是二禪境界，所謂成住壞空，當劫數來時，光音天也會毀壞，光音天再上層的天人，也一層一層墮下來。如果你認為「姑妄言之姑聽之，豆棚瓜架雨如絲」，也可以；如果你是真做工夫的人，在這個裡頭就會知道，這是科學的，就可以深切的體證進去了。

所以這裡是說，想要回到色界的光明，修法是「**於諸勝處所制少色，若好若惡**」。譬如佛身的光明，就是光明的道理，所以要你們觀佛像眉間的白毫相光，或者胸口的卍字，或觀日輪、月輪等等。「**如是於多，乃至廣說**」，古人祖師很妙，其實很多修法的祕訣都傳給你了，你要把一百卷的《瑜伽師地論》，滾瓜爛熟的研究透了，你就找出來了。所有方法這裡面都有了，可惜你們不肯下功夫，叫你打坐用功嘛，你說教理不通不行呀！我要讀書；要你好好讀書嘛，哎呀，功課太多了，還是去打坐吧。找些理由來逃避，就是那麼可憐。所以你真正研究教理，理通了也可以證入，那可不是普通研究教理，而是為了自修。這一百卷的《瑜伽師地論》裡都有，由凡夫至成佛，把三藏十二部的精要，如何修證的理與事，統統告訴你了。

「**何故修習如是觀行，為淨修治，能引最勝功德方便**」。

為什麼我們要修光明定，修種種的觀行呢？因為要修行，淨修，修正自己的心行，對治自己的煩惱妄想，把自己的業力轉過來。唯有修定才能轉變業力，修定的「**觀行**」，能夠修治自己的業力，對治自己的煩惱，「**能引最勝功德**」，這是個方便，所以非修止觀，非修定不可。

「**何等名為最勝功德。謂勝處、遍處，諸聖神通，無諍願智**」。

界，「**勝**」是勝利，「**遍**」是無所不到。一切諸佛菩薩所證的神通妙用的境界，都能夠證到，不是理論。達到與人無諍論，沒有人我是非的煩惱，就如劉鶚的詩，「自從三宿空桑後，不見人間有是非」；《金剛經》上說，須菩提為人中第一，達無諍三昧。「**願**」是大願境界發起了，你們學佛哪一個發起了大願？大概自己發起的一切大願，都是在保護自己，愛護自己，為了自己。

像昨天晚上有一位跟我數十年的學生，他問我：「你為什麼要這樣忙？這麼苦？這是何苦來哉呢？我實在想不通」。我說：「你又學佛，又打坐，又參禪，又是學哲學，又聽我的課，現在還問我這種話？」我夜裡想想，比比皆是，沒有一個真正發願的，連他都如此的想，別人更不用說了。所以，沒有人真正發願，犧牲自己一點都做不到。不過，也難怪，因為沒有修持到這個境界，是做不到無諍的，願也發不起來，智也發不起來。不要認為發願容易，不容易呀！光打坐唸誦，願沒有發起，沒有用的，先要學普賢行願的正行，「**無諍願智**」。

「**無礙解等，雖先於彼欲界諸色，已得離欲，然於彼色，未能證得勝解自在，為證得故，數數於彼思惟勝解**」。

無障礙的智慧，一切見解殊勝，就是「**無礙解等**」。佛法的求證，不是搞思想的，千萬注意。為什麼要做工夫修行？在欲界諸色，已經得到離欲了，但是你對欲界中的色法，即物理世界，「**未能證得勝解自在**」，不能自由自在，不能證得。換句話說，子彈射過來，你想鑽進地下去躲子彈，但你鑽不進去，不能像穿山甲一樣自在進出。為了證得一切，為了證得萬法唯心，真正的唯心是能轉物的，所以必須要「**數數於彼思惟勝解**」，要智慧的開發，智慧的證明。

這是八背捨的第一條，「**有色觀諸色**」。有色是利用欲界的一切光、色，來修離欲。離欲以後，證到超過欲界的勝解光明智慧之定，可以證得神而通之，可以證得大願、大智、無障礙的解脫……等等殊勝功德。這都是真實的事情，不是理論，更不是理想。

八解脫之二至八

「云何內無色想，觀外諸色。謂生欲界已，離色界欲，無色界定不現在前」。

這是進一步了，到了第二解脫，雖然生命還活在欲界中，已經超越離開了色界的欲。色界還是有欲，勉強不叫它是欲，叫它是愛。

我經常說，現在人類所講男女之愛，勉強來比方，是情、愛、欲三個字。無色界是情，色界是愛，欲界是欲。所以欲界與色界的天人，在佛學上來說，愛欲的事很有趣。佛也講了欲界天人境界的男女關係，兩人眼睛互相看一下，已經達到愛欲的目的了。色界無色界天人，彼此都不必見面，彼此只要想一下，心念已經相通了。一個是情，一個是愛，一個是欲，但都不能說離欲，都還有廣義的欲，所以離欲談何容易啊，它就是電感作用。

欲界天人的兒女是爸爸生的，差一點的肩上生，或者頭頂裂開就跳出一個人來。道家密宗所講的修持，能修到身外有身，就是色界生孩子的情況了，是真有此事的。所以頂門打開，梵穴輪打開是真的，那就到了色界的境界了。欲界的男女兩人，結婚可以生出人來，但是修持的人，只要工夫做到了，不管男女，自己就能生出另一個生命，新的生命跳出來，女的也變成男的了。所以轉女成男是這樣轉的，不是開刀來轉的。這個世界開刀都轉得了，而人本身具有這個功能，為什麼轉不了？轉不了是你自己工夫不夠，對不對？如果無色界的定還達不到，絕對捨念清淨是很難達到的。

「又不思惟彼想明相，但於外色而作勝解。若於是色已得離欲，說彼為外。由二因緣，名內無色想，謂已證得無色等至，亦自了知得此定故，不思惟內光明相故，餘如前說」。

進一步再說，因為你不思惟，沒有在禪定思惟中。思惟不是思想，思惟修就是禪定，「**彼想明相**」，色界的那個光明清淨境界，你夢想，推想，都想不到的，除非達到那個禪定境界。「**但於外色而作勝解**」，因為你不能知道上界的色相光明，只以欲界外色，來做勝解。「**若於是色已得離欲**」，這個色也可以包括光色，就是物理世界，不是物質世界。我把科學上這兩個名辭分開來用，物質世界是講這個地球的萬有；物理世界等於太空所包含的，看不見的。科學尚在求證物理世界的色。「**說彼為外**」就是向外馳求的。

由這兩個因緣，自己知道得到了這個定，內在光明也不要了，進一步也無光明，進到無色界去了。「**餘如前說**」，詳細的不必講了，前面有尋有伺地統統已經講過了。

「**云何淨解脫身作證具足住。謂如有一已得捨念圓滿清白，以此為依，修習清淨聖行圓滿，名淨解脫**」。

這是第三解脫，一切具足的，不是你花時間去受了具足戒就具足了，此處說的是真具足，已經達到四禪境界，工夫到了捨念清淨，圓滿清淨白業，止於無惡。由這個地方起步進修，修習清淨之聖行，就是聖人境界的一切行。起心動念，等於我們儒家所講的「止於至善」，無一不善，如孔子所講「隨心所欲而不踰矩」。聖境界之行圓滿，叫作「**淨解脫**」，這是真正的淨解脫，也可以說是真正的淨土。

「**何以故，三因緣故，謂已超過諸苦樂故，一切動亂已寂靜故，善

磨瑩故。身作證者，於此住中，一切賢聖多所住故」。

什麼理由呢？大家把「**身作證**」圈點起來。你們出家修行幹什麼？就是要「**身作證**」啊。三個因緣，就是三個原因，第一已經超過諸苦樂，到達了四禪境界捨念清淨，這個境界就是淨解脫了，無苦亦無樂。以理論來講，等於莊子所說的，人到了中年，「喜怒哀樂不入於胸次」，喜樂都不動念了；也就是孟子說的「四十而不動心」，那是世間法。以出世間法來說，這個時候無苦亦無樂，既無歡喜亦無悲，但不是冷酷，也不是寡情的，而是圓滿的，清淨的，慈祥而喜愛的。

如果到達無苦亦無樂，而呈現出一臉寡情相，冷冰冰的，那就不對了，那是枯木禪，不得了的，他生來世果報會變成植物。真的是這樣，你們看經典時，看不出這個道理的，像有些植物裡頭也有神的，花神、木神，就是這個道理。所以無苦亦無樂，是慈祥而且生機活潑潑的，一切動亂已經到達極為寂靜的境界，寂滅清淨。

等於拿到一塊寶石或黃金，天天擦，擦得發光發亮，一點染污都沒有，就是善於「**磨瑩**」，把它磨練，永遠發亮發光。「**身作證者**」，這個肉身就可以即身證果，現生之身就證果。十方三世一切賢聖僧都住於這個境界中。真正皈依僧，是皈依十方三世一切賢聖僧，不是皈依現在這些普通僧。

「**云何空無邊處解脫。謂如有一於彼空處已得離欲，即於虛空思惟勝解**」。

這是第四解脫，有的人達到了空的境界，就離欲了，色界、欲界的欲都離了。「**於虛空思惟勝解**」，在空的境界裡，常生解脫智慧，樣樣都懂了，無所不知。

「**如是識無邊處解脫，於彼識處已得離欲，即於是識思惟勝解**」。

要曉得，空有空的欲，貪著於空就是空的欲，貪著於識就是識的欲。「**於彼識處，已得離欲**」。第五解脫是在本識，於識上思惟勝解，開拓無比的智慧。

「**無所有處解脫者，謂已得無所有處，於識無邊處思惟勝解**」。

第六解脫是在無所有處解脫，這不是斷滅見之無所有，是知道一切惟心，一切惟識，在畢竟空，勝義有中，生出大智慧之勝解。

「**有頂解脫，更不於餘而作勝解，乃至遍於想可生處，即於是處應作勝解**」。

第七解脫是得有頂天，有頂地之勝解，是智慧所生的解脫法門。不是在下界下地而生的智慧，而是隨時隨地都在想可生處，願力意想所生處，「**即於是處應作勝解**」。隨時隨地在理上了解，在修持上就了解。應該是有頂天的修持，如何到達定慧。有頂解脫也就是非想非非想處解脫。

（「**第八解脫，棄背想受**」，上一小節已講）

「**復次先已修治作意勝解，後方能起勝知勝見，故名勝處**」。

這裡就不講啦，不講並不是你們自己可以了解，而是說你們修持沒有到達那個境界，講了也是白講。

工夫到達時的能力

「**此勝當知復有五種，一形奪卑下，故名為勝。謂如有一以己勝上工巧等事，形奪他人置下劣位**」。

就是說工夫到達了，你這個身體，整個人都變了，色相都變了。借用中國文化來講，氣質整個都不同了。「**形奪卑下**」，形體一看就知道有道氣，有仙氣，有佛氣，相貌都改變了。所以古人說，你有道無道，在他前面一站，他就看出來了，因為他是過來人，有經驗。所以自己不要吹牛了，如果有一副豬八戒的面孔，或一副沙和尚的氣色，或是孫悟空的脾氣，一看就知道。

「**二制伏羸劣，故名為勝。謂如有一以己強力，摧諸劣者**」。等於一個堅強的人，以己之力，把生病瘦弱的人，變成強有力了，這是比喻。

「**三能隱蔽他，故名為勝。謂瓶盆等，能有覆障，或諸藥草呪術神通，有所隱蔽**」。

這是說，世界上的事，佛法是承認的，如催眠術、魔術、畫符唸咒，可覆蔽遮蓋別的形態。有些咒語法術，可以把人隱蔽起來，使別人看不見他，隱身法是真有的。又如瓶子、盆子等等，可以把人擋住，其他的人就看不見了。工夫做到了，就能隱蔽，故名為勝。當然你也能加被他人，能夠影響他人，甚至能成為法師，將來一上台，由於是證了道的法師，聽眾一聽你說的話、你的聲音，他雖不懂，但就能得到好處，就有這樣看不見的功能。

「四厭壞所緣，故名為勝。謂厭壞境界，捨諸煩惱」。

對於一切不好的外境界，能捨棄，也就是能摧毀一切煩惱。

「五自在迴轉，故名為勝。謂世君王，隨所欲為，處分臣僕，於此義中，意顯隱蔽及自在，勝前解脫中勝解自在，今於勝處制伏自在」。

修持到達了四禪八定，就可證得「**自在迴轉**」。像古代的帝王要殺就殺，拉到刑場又說回來，回來，反而封官。這是形容心念一切自在，「**制伏自在**」，隨便轉動，就是孔子說的「隨心所欲不踰矩」這樣的自在。

現在跳過兩段，看下面二百六十八頁。

什麼是證到空

「復次三三摩地者。云何空三摩地，謂於遠離有情命者，及養育者，數取趣等，心住一緣，當知空性略有四種」。

現在告訴你們修行之路，怎麼叫作證到空的定境界。三摩地有三個，空、無相、無願。「**空三摩地**」就是空定境界。三摩地不只是定，是定到了家，是正定正住之境界，叫作三摩地。中文一個「定」字，不足以完全包括三摩地，三摩地正確翻譯是正受，「三」是梵文翻音，等於中文之正，三摩地是正受，真正的定境界。

什麼是「**空三摩地**」？首先要離世間，離開世間的一切有情、六親眷屬等等，乃至一切有情眾生。辭親出家專修的時候，此心只住在一緣上，或者有分別影像所緣，或無分別影像所緣，或者光念一句佛，或者光觀一個明點，或者光做白骨觀、不淨觀、日輪觀、月輪觀等等，就是「**心住一緣**」。

這個空性是修證的空，不是大乘境界理念的空，也不是菩薩境界的空。

菩薩境界的空是理事俱圓的，又超勝這裡所說的空。但修持做工夫，初步要證到空，空性大約有四種：

「**一觀察空，謂觀察諸法，空無常樂，乃至空無我我所等**」。

這是說，理論上懂了，還要證到，能證到的話，差不多進入定境界了。「**觀察空**」就是反省、檢查，回轉到自己內心做工夫的，不是閉著眼睛在心裡頭瞎想、假想，那是搞思想。內心觀察念頭的空，或者四大的空，觀察思惟諸法空，一切法皆空，一切法皆是無常，然後得法喜之樂。真做到了空、無我境界、無我所境界，這是「**觀察空**」。講教理的話，這是向外觀察外界，不過，這裡不是理論上的觀察，不是張開眼睛觀察外界，是要內觀，反照自己，由觀察而證得空性。大家都會講空，但你空得了嗎？所以「**觀察空**」是內觀反照。

「**二彼果空，謂不動心解脫，空無貪等一切煩惱**」。

證到空的果，「**彼**」就是他，他就是空，空的境界，空的果來了。「**果**」是有成果，有效驗，事實擺在這裡，隨時隨地心不動念，得解脫了；如果是怕動，不敢動，那不叫不動心。一切起心動念，心隨時解脫掉了，空掉了，這才叫「**不動心解脫**」。乃至於對空的境界無貪等等，也都解脫了，空掉了，空到無貪，一切煩惱皆空。

「三者內空，謂於自身空，無計我、我所，及我慢等一切僻執」。

前面兩項都還是內心的觀察，「**內空**」是身體證到了空，四大空相，隨時都證到了。一切的我慢、悭僻，骨子裡的情執都沒有了，證到了身空。

「四者外空，謂於五欲空，無欲愛，如說我已超過一切有色想故，於外空身作證具足住，乃至廣說」。

一切外境界，一切皆空，就是「**外空**」，世間的五欲與我不相干了，因我已證到空的境界，超過了一切有色想，所以對於一切外界空，自身已經證到，如經典上所講的那樣。

第十講

先向大家說明期中考的事，我要考的是一科國文，一科佛學，一科太極拳。佛學是《指月錄》《瑜伽師地論》。至於要怎麼考，我現在還不知道。我從小就反對考試，可是我從小每考一定好，雖然討厭，可是我對每件事都很認真的做，考試也一樣很認真的做，但不管分數。我發現現在的學生實在太可憐了，從小考到老，小學考中學，考大學，考留學，又考公務員，一直考到老，最後送到殯儀館，火葬場還來一考（烤）。整個人生都在考中度過，所以想想，人世間蠻可憐的。

現在要考你們，雖也覺得你們很可憐，可是也非考不可。我的考試你們不要打主意，我講過的都會考，算不定跟你談話一下，你答得出來，那就是考了。說不定哪一天我心血來潮，一下子就抽考了。反正，真讀書，真有研究，是不怕這個考試的，不管怎麼考，都有辦法，這是我的經驗。答卷子有一個原則，不要超過範圍，不要自作聰明，也不要太笨，自然就會答對了。這一學期是帶領你們唸書，下一學期就要你們自己唸經，再由你們講經，我來聽。現在繼續上次二百六十八頁中。

心力多麼大

「**此中緣妙欲想，名為色想，此想所起貪欲斷故，說為外空**」。

狹義的講，妙欲是男女之間的愛，中國對男女之間的貪戀叫好色，不管男色、女色，人人都愛漂亮的色相，由愛生欲，結果都是佔有。「**妙欲想**」這個「**妙**」字是人為的，人自己認為這樣才是妙，那樣就不妙，這叫「**色想**」，屬於色法的思想。由愛妙色而引起貪心、欲望，如果欲界的眾生，能夠把這個念頭斷了，見色而不動心，不起貪愛，這樣叫「**外空**」。這不是現在科學的外太空，而是佛學上的，這還是外面，不是裡面的空。

「**又彼果空，或修行者，由時作意思惟外空，或時作意思惟內空，**

由觀察空，或時思惟內外空性，由此力故，心俱證會」。

什麼是修行呢？證到隨時隨地外空，能夠放下，就是修行。譬如出家同學，把頭髮剃了，穿壞色衣，把外形色相的愛好先去掉，就是先把外色空了。但是出家穿壞色衣，整齊仍是第一，也是戒律。像你們現在搞得這個樣子，不是壞色衣呀！你們蠻講究，可是你們穿得不像樣子，東一塊，西一塊，不曉得是什麼衣服，都搞不清楚。所以憑良心檢討一下，你們愛美不愛呀？（同學答：愛美。）

對！說不愛美是欺心之論，自己的欺騙心理。只要愛美的話，心愛外色就沒有捨，這是講修行的道理。這個愛美還不只對自己，對外面的東西也一定會愛，愛清潔整齊是另外一回事，愛美又是另外一回事，這個中間在心理上有差別的，所以修行要注意自己的心理。像你們出家的女同學，有沒有再照過鏡子呢？一定照過，雖然照鏡子是很普通的事，但是你追查一下阿賴耶識的心理，照鏡子時，看自己還是越看越美。因為這一念，三大阿僧祇劫你只好慢慢去修吧！我不是講笑話，要談修行，就在這裡。很難啊！非常非常難。

如果說打坐坐得好，你不坐，那個工夫就沒有了，境界也沒有了。而且要知道，你打坐是靠肉身，四大還在，工夫才在；當這個四大不在了，沒有了，我問你，你怎麼坐呀？你們為什麼不在這個地方想呢？所以打坐是很重要，但是如果認為打坐就是修行，就憑你這個知見，也就不必學佛法了，你全錯了。打坐是靠四大的工夫來的，可是四大皆空，四大空了以後，哪樣不是定啊？何必一定要盤腿呢？至於為什麼要你盤腿，因為你四大不能空，對不對？我不是說笑話哦！要仔細參究。

所以「**又彼果空**」，果空是外境界全空了，證到外境界空，而真的放下了。你們可以看道家的《神仙傳》，佛家的《高僧傳》，就如濟公和尚，富家公子出家，學問又好，後來搞得十分邋遢。我們塑的像，他褲襠都破了，穿雙破鞋子，一副邋遢樣。雖然喝酒吃狗肉，但也不是天天吃，是偶然吃一回；喝酒是真喝，他喝酒是在做工夫。可是此事不能學，只有他能夠這樣，他不管哪裡躺下都能睡，就是外空的道理，示現給世人色身之難破，一般人破不掉的，做不到。許多神仙得了道，都裝瘋賣傻，不希望人家知道他有道。這種人或者地下一躺就睡，或跟豬睡在一起，什麼都不在乎，因為他已經到了不垢不淨的境界了。不像我們沒有道的人，在這裡冒充老師，裝起有道的樣子，那是裝的，騙飯吃的。

所以，修行人外面一切境界都要放下。內空就更難了，內空，四大都要空掉，或時時刻刻思惟內外之空性。「**由此力故，心俱證會**」，由於心的力量堅強，這個心證到了空性。譬如你們在座的學佛也很久了，都曉得講空，事情來了都空不了；脾氣來了，煩惱來了更空不掉。為什麼理上知道是空，可是一到那時毛病又犯了呢？有時候一邊發脾氣，一邊也知道自己很不應該，可是非發脾氣不可。因為情感、情緒是由四大變化而來的，是業力來的。如果理性上知道，而事實上做不到，那是因為心力不夠堅強之故。

修行一切是「**由此力故**」，大乘十波羅密的第九波羅密，是力波羅密，是心力成就一切。小乘道證神通羅漢修法，硬是把物理世界看空，把牆壁看成不是牆壁，觀念上把它變空了，可是你用頭去碰看看，一定會碰腫。但是心力堅強的人，他就破牆而出了，阻礙不了他，神通就是這樣來的，他的牆壁真的是空了。要不然「心物一元」就是騙人的。但是你說雖然知道這個理，可是物質是硬的，我心想它是空的，硬是空不了啊！這個理由《釋禪波羅密次第法門》告訴你，是你心力不夠堅強，是力的問題，在這裡也點出來了。

譬如你們讀書讀不好，背書背不來，文章作不好，佛學搞不好，講老實話你們蠻用功的，為什麼智慧開發不了，樣樣都不行呢？我看了都替你們著急，這就是因為你們心力不夠堅強。凡是決定要做，心力一轉就把它完成了，靠心力呀！天下有難事嗎？心力一轉，外境都阻隔不了，外空了呀。所以你們說為什麼精神不好？為什麼牛脾氣轉不了？然後說，我習氣轉不了，這是業呀！這是你推辭的話，全推給了「業」。既是業，業就要轉呀，是心力去轉呀！「**由此力故，心俱證會**」，要內空、外空的心力強，才能證到這個境界。

也是不動心

「**設復於此內外空性不證會者，便應作意思惟無動**」。

內外空的這個境界，不是理論，硬是要拿身心來作證的；如果不能證會，那就要再作意思惟「**無動**」，就是不動心。這一段是說，如果理上知道，但空不了怎麼辦？他說要作意思惟「不動心」，這個不動心與孟子的四十不動心不同。

「**言無動者，謂無常想，或復苦想**」。

想做到「**無動**」，是先作無常的觀想，或世間一切皆苦的觀想。一切萬事無常，就像賺了錢，但又被人家倒了，雖然也很氣，但應作「**無常想**」，一切無常，天下錢嘛！給人家用也是一樣。就像楚莊王失弓的典故，楚莊王說，「楚人失弓，楚人得之」，他是楚國的皇帝，掉了弓，充其量楚人拿到，一樣用，所以楚王了不起。但是孔子聽了說，還差一點，應該說：天下人失弓，天下人得之，何必限於楚國。萬事本來無常，世間沒有一件我們能永遠把握住的事，感情也好，夫妻也好，兄弟、父母也好，財產也好，生命也好，連我們身體，都不屬於自己，只是暫時歸我使用，並不是歸我們之所有，所以一切應該作「**無常想**」。人世間的「有」就是苦，沒有固然也苦，但是比較起來，在我的經驗，沒有的苦比有的苦輕鬆。有的苦真是苦，你們在座的人大概不了解，如果給你一億財產的話，你就曉得那才是苦，非常苦；不要認為有錢就快樂，非也，那才苦呢。那時候求其窮而不可得，而且習氣也大了，所以要對世間一切作「**苦想**」。

「**如是思惟，便不為彼我慢等動**」。

由這樣開始思惟，看一切世間無常，一切皆苦，慢慢對外境界，名也好，利也好，不大動心了。這是講理啦！如果講實際，到殯儀館工作，或者醫院太平間接一個小工作，包你就看空了，再漂亮的，再富貴的，抬進來都是一樣。有一次朋友死了，我們去認屍，那個管太平間的人正在吃火鍋，他一邊端著飯，夾一塊紅燒肉，一邊用筷子指給我們看，這個，這個。我很佩服他，他工夫高，白骨觀、不淨觀對他都沒有用了，因為他對死人都不動心了。可是他對活人還會動心，這就叫作人。所以無常想、苦想，是要真作意思惟的。能這樣思惟，就慢慢不會動心了。我們之所以動心，重要有一個下意識的動力，就是我慢，慢就是自我，慢心就是現在普通講的自尊心。普通說人要保持自尊心，拿佛法來說，反而要你去掉自尊心，因為自尊心是後天自衛之心，就是慢心，人能把這個慢心放下，煩惱就沒有了。

「**由彼不為計我、我慢，乃至廣說，動其心故**」。

「**彼**」就是對方，「**計**」是計較，認為如果這樣不計較，都看開了，那不是給人家看不起嗎？這就是計較心。認為你脾氣大，我比你更大，你罵起來，我吼起來，你跳八尺，我跳一丈，這個就是我慢的心，都在計較比較。計較心理去不掉，是不可能做到完全不動心的，要把「**我、我慢**」去掉才行。要把一切會使我們動心的外境界都放下，就會不動心了。

「**便於二空心俱證會**」。

這樣可以證到外空、內空，當然這還是小乘的空，但你不要看不起小乘的空，那也是很難證到的。小乘空證到了，大乘就容易了。一般人講佛法，動不動就講大乘，實際上真害死人，你大個什麼？你先把小乘證到了再說。像上樓一樣，上了二樓，你還不會上第三層嗎？光想一下子上到十二樓，可能嗎？現在一般學佛的人，路還不會走，就想要跑，你有什麼能力跑呀？就是這個道理。

無願無相的修法

「云何無願心三摩地。謂於五取蘊，思惟無常，或思惟苦，心住一緣」。

大乘三法印，空、無相、無願。此處講無願是什麼意思呢？無願這個「願」字，普通講是意志力強，而意志是心起的波動，忘念的作用，所以無願就是不起妄念，心不波動的意思。如何才能做到心不波動呢？就是要解脫色、受、想、行、識的五蘊。如何才能解脫呢？「**心住一緣**」。比如受了風寒不舒服是受蘊，血液還在流動，生命輪轉不停是行蘊。識蘊更難，修到空的境界，那就是識蘊境界的作用。「**五取蘊**」是五蘊都能夠空，也叫無願三摩地。做到五蘊皆空，唯一入手的法門，是「**心住一緣**」，或者一個明點，或者一句佛號，緣有分別影像，或緣無分別影像，先修到緣止，這是五蘊空的起步修行。

「**云何無相心三摩地。謂即於彼諸取蘊滅，思惟寂靜，心住一緣。如經言，無相心三摩地不低不昂，乃至廣說**」。

一切不著相，無相心是不著任何相。無相心怎麼修呢？就是要「**取蘊滅**」，「**取**」也就是受。十二因緣：無明緣行，行緣識，識緣名色，名色緣六入，六入緣觸，觸緣受，受緣愛，愛緣取，取緣有，有緣生，生緣老死。這些佛學名相要會背，不要認為容易而不去記，你如果記不得，用起功來絕對不上路。這十二因緣就是你心路的歷程，不記得就找不出來，所以用功就白用了。

像三十七菩提道品也要背來，每個名辭都要去參究，這與用功修行都有很大的關係。尤其是要弘法利生的人，更要記來，參究來才行。十二因緣看起來簡單，那是你沒有用功才說它簡單；一旦用功，把它畫成圓圖，看它互相的關係，就會發現它牽涉到身心世界、物理世界、三世因果，一切法都在內了。而且修聲聞道，小乘道是必然要先了解的。譬如《心經》裡提到，「照見五蘊皆空……無無明，亦無無明盡」，就是十二因緣，是從無明開始。要了了無明，則了生，了老死，它是一個輪迴的。你想了生死，先要了無明，無明不起行了，才能談了生死。

像大家念頭為什麼會起來？本來沒有想的事，打坐時想起來了，它是突然「行」來的。行就是一股力量轉動來的，這個轉動的力量，後面還有一個動力，就是無明。無明從哪裡來的呢？你要找呀！要參究呀！必須要把那個電源切斷才行。所以佛經上講到，很多人是因參究十二因緣而證羅漢果的。他們是把十二因緣倒轉的找，現在我們這個階段是「有」，有的前面是「取」，你是不是在取呀？（同學們答：是在取。）對呀！我們現在坐在這裡，把四大身體抓得牢牢的就是取呀。取的前面是愛，你愛不愛？（同學答：愛。）你不但愛，還愛得要死，又怕自己活不久。如果有人碰到你的坐墊就不高興，碰到你的身體更不行，妨害你的時間更不對了，這都是愛呀！一路一路向前追，十二因緣你倒轉來一追，你就找出念頭怎麼來的了。你們有誰真在用功啊？唉！不談也罷。

在十二因緣之中，「**取蘊**」是在中間，人人都在取，取就是執著，就是抓，取自己四大身體，取名、取利，都是爭取，人生本來是爭取。普通人爭取，是屬於正常的，大家會說這個人好，很努力，很上進，知道進取，都是鼓勵的好的名辭。以修道來講，是相反的，一切取都不是好的，尤其自己內在的一切取，因為有取心，情、愛、欲一樣都放不下。有取所以有愛，有東西拿到就高興，拿不到就悲哀，心裡感受不同，因為愛取是連著的。所以這裡講無相三昧，先把「**取蘊**」滅了，「受蘊」就沒有了。

這個時候「**思惟寂靜**」，完全放下，等於修禪的初步，也等於修密宗大手印等等的初步。雙腿一盤一坐，什麼都不緣，不緣光明點，也不緣專一，什麼都不管，心住一緣，就是緣住無相。無相是「**不低不昂**」，此心既不求空，念頭也不想空，也不想起妄念。妄念真起來也不怕，來了不歡迎，去了也不送，不迎也不拒，這個念頭自然來去，同你不相干。然後如一個天秤擺在那裡，水平線平在那裡，空、有兩邊平等，此心始終平的，像一池清水，水波不興，水上波紋都不動。就算波紋動了也沒有關係，思想念頭動了，它是空的嘛！它又不妨礙你。思想念頭如《楞嚴經》上的比喻，是客人，客人進來了，你不理他，他自然走了，你主人坐在那裡就是寂然不動，這是無相心之三摩地。「**不低不昂，乃至廣說**」，很多方法可以做到這樣，但是這是各種三摩地的一種，屬於無相三摩地而已，沒有什麼了不起。

「**云何名為不低不昂。違順二相，不相應故**」。

煩惱來了就是「**違**」相，妄念就是違；「**順**」相就是心境坦然而住，也無煩惱，也無妄念。任何一個境界，如果抓住就是不對，所以空也不取，有也不取，平靜也不住，「**不相應故**」，空和有對他都沒有關係，都不執著，就是那麼一個無相。

「**又二因緣，入無相定，一不思惟一切相故，二正思惟無相界故**」。

這個無相定蠻舒服的哦！有兩個因緣可入無相定，也就是說，要修到無相定境界有兩個方法。第一個方法，不思惟一切相，就是一切境界都不要，乃至佛菩薩現前也不要，也不著。但是要特別注意，不要落在昏沉。第二個方法，可以用思惟，思惟什麼？思惟修到無相。

「由不思惟一切相故，於彼諸相不厭不壞。唯不加行作意思惟，故名不低，於無相界正思惟故，於彼無相不堅執著，故名不昂」。

正思惟無相的第一點，就是不想一切相，也不求一切境界，坐起來就是坐起來，定住就是定住。眼睛如果看到窗外，看到前面的人，也不會叫他走開，我要打坐了，你不要吵我，那就著相了。面前管你是人也好，阿貓阿狗也好，反正這個相不管了。雖然你也看到他，不是沒有看到，心裡不著就沒有事了。不管你男的、女的、老的、少的，乃至佛也好，魔也好，菩薩也好，我反正是一切無相。「**不厭**」就是不討厭，我正要打坐，你在我前面走來走去，我也無所謂討厭，反正一切無相。

真做到無相境界，哪裡不可以修道啊！到舞廳去也無相，音樂也好，看人跳舞也好，當下就是淨土。一切眾生，一切菩薩，皆在念佛念法念僧。你到達這個境界，哪裡都可以去；沒有到這個境界，連佛堂都不能去，因為到佛堂都會著相。看到阿公阿婆拜佛燒香那副著相的樣子，燒一支香，要佛祖保佑他發大財，那種貪心的樣子，一般人就會產生厭壞的心。做到無相則不厭，不管好壞都沒有厭惡，不討厭任何人，也不厭清淨或不清淨。

無相是不壞一切相而無相，山還是山，水還是水，不過山水同自己不相干而已。譬如李白的詩：「相看兩不厭，唯有敬亭山」，他著相嗎？當然著相，他只是相看兩不厭而已，還著山相。陶淵明的「採菊東籬下，悠然見南山」，也著相，是眼斜了嗎？在這裡採菊東籬下，怎麼又悠然見那邊的南山呢？

我們常講，面對一切現象，一般人聽到這句話，以為現象是指外境界而言，其實是指一切現象，包括身心內外的境界。對於一切相，也不空掉它，「**不加行作意思惟**」，也不特別注意，故叫「**不低**」，等於天秤一樣，平的。但是對於無相的境界也不堅執，如果說一定要做到無相，反而就把無相加重了，這也不對。所以要「**不堅執著**」這個無相的觀念，故名「**不昂**」，就是不高。

見了道　證了果　習氣未斷

「此三摩地略有二種，一者方便，二方便果。言方便者，數數策勵，思擇安立，於彼諸相未能解脫，由隨相識，於時時中擾亂心故，彼復數數自策自勵，思擇安立，方能取果」。

這個無相定的境界有二種，我們現在坐禪或者念佛，只能說是在修禪定，但是並沒有證果，道理在哪裡呢？無相定有兩種，一個是方便，就是方法進門；第二個是證果。所謂講方法、方便，「**數數策勵**」，「**策**」是一條鞭子抽打自己，勉勵自己，隨時要管理自己，這叫修行，隨時要努力的。「**思擇安立**」無相境界，不管做事、講話、待人接物，都要如此，要隨時做到無相。雖然你在修無相，可是內外一切並沒有得解脫。譬如大家無論修哪一種定，都是三天五天，偶然境界好一點，然後可能二十天都在痛苦中，所以修行都沒有得解脫。「**由隨相識**」，因為外境界的現象，加上內在自己的心意識作用，隨時隨地都在擾亂我們的自心。我們不能責備外面的環境，也不能責怪別人，只有自己鞭策自己，勉勵自己，自己參究，如何能使自己得到無相，平靜，這樣才能慢慢證得無相定的果位。

「**解脫隨相，於此解脫，又解脫故，不自策勵思擇而住，是故名為極善解脫**」。

解脫自心，不跟著外界環境轉，就是「**解脫隨相**」。這四個字要注意，像你們自己看書，這些地方好像看懂了，一看就過去了，一考問你這句話是什麼意思，想了半天也講不出來。「**於此解脫**」，就在相上解脫，隨當時的環境就能解脫得了，不著相。因為你隨時策勵自己住在無相境界上，還有這件事在心上。到了得到解脫這個時候，不再需要策勵自己住於無相境界上了，就是極善於解脫。

「**若數策勵，思擇安立，方得住者，雖名解脫，非善解脫**」。

假如是靠自己隨時的警覺，把這個境界拉回來，才把外境界去掉，雖然也叫作解脱，但不是善於解脱，這其中是有差別的。

「又曉了果，曉了功德者，謂煩惱斷究竟故，現法樂住究竟故」。

知道自己已經證果了，有功德，就是修持的功力到了，得道了，自己心中的煩惱也沒有了。宋朝有一位得道的張紫陽真人，在他所著的《悟真篇》中有一句「煩惱無由更上心」，到了這個時候，想要起一個煩惱都起不來，徹底沒有煩惱了，這叫作煩惱究竟斷，自然斷了，不是心中有意去斷的。現觀的法樂，隨時都在解脫的法樂境界，得了究竟的果位，這叫證果。

「又復滅道俱應曉了，即此二種，隨其次第，名曉了果，曉了功德」。

這個時候自然隨時在道中，滅了一切的煩惱，是自然滅掉了，等於火滅了，沒得火了。隨時隨地都清楚，都在道中，所以叫「曉了果，曉了功德」，自己知道已經證果了，「山泉繞屋知深淺」，自己曉得深淺了，很清楚。

「又諦現觀阿羅漢果，俱應曉了，於見道位中，名曉了果。於阿羅漢果，名曉了功德」。

仔細觀察自己是不是證得了阿羅漢的果位，得果不得果，自己知道。等於吃飯一樣，吃飽了沒有，自己很清楚，別人看不清楚的，「**於見道位中，名曉了果**」，真見道了。怎麼叫見道呀？拿教理來說，你們回答看看，說小乘見道位吧。（同學默然）都不曉得！所以你們常說：老師上課好呀！是自欺欺人的話，我一聽就氣了，無明發起來了。

見思惑包括五個見惑、五個思惑。五見惑是身見、邊見、見取見、戒禁取見、邪見；五思惑是貪瞋癡慢疑。「**見道位**」是這五見惑都空掉了，見惑沒有了。你們儘管學佛，隨時著五見惑，隨時都在著五思惑，所以修道不能證果。不但身見要空，五見都要空，這還是見道位；而你思惑位上的貪瞋癡慢疑習氣還在，所以阿羅漢還有餘習。《維摩經》上講，維摩居士的房間裡，天女空中散花，花落到菩薩身上就掉下來，沾不住；落到大阿羅漢身上就沾住，都變成花羅漢了。為什麼沾住不掉呢？因雖已證羅漢果，餘習未盡，它的習氣吸力還在，所以天花著身不落。劉鶚有部小說，其中有幾首詩作得很好，「剎那未除人我相，天花粘滿護身雲」，就是這個道理。

見道位中，境界上證了果位，但是思惑習氣沒有斷。所以迦葉尊者，多生累劫喜歡音樂的，證果以後，聽到天龍八部的音樂神乾闥婆，空中奏音樂，迦葉尊者一邊打坐，一邊打拍子。他的心沒有動，是身體跟著那旋律拍子動了，這就是無始以來的習氣。還有畢陵伽婆蹉，多生累劫為婆羅門種，證了果位後，過河叫河神：小丫頭，把河水給我斷開，我要過河了。河神到佛那裡告狀，佛把他找來，問他為何罵人？他說我沒有罵人啊，小丫頭，我什麼時候罵過你呢？這是他多生累劫都在指揮人，罵人罵慣了，他覺得不是罵人，這就是習氣的關係。

「若於此處無有彼物，由此道理觀之為空，故名空性。即所觀空無可希願，故名無願。觀此遠離一切行相，故名無相」。

空、無願、無相，三個境界都告訴我們了，這不是理論，是要以身證到。在見道位中叫作「**曉了果**」，在阿羅漢叫「**曉了功德**」，地位不同，名稱不同。住眼一看一切物理世界，即禪宗的見山不是山，見水不是水。換句話說，見好看的也不是好看的，見不好看的也不是不好看的，這個道理叫作初見空性，這還是外空。見到外境界一切現象空了，內在跟著也空了，在空的境界上無所希求，就是無願。「**觀此遠離一切行相**」，無願中是空的，本來無一切相，所以叫無相。

再說空、無相、無願、尋伺

「**何故此中先說空性，餘處宣說無常故苦，苦故無我，後方說空**」。這裡提出來一個問題，為什麼這裡先說空呢？為什麼在別的經典上先說無常、苦、無我，而最後再說空呢？

「**謂若無無我，無常苦觀終不清淨**」。答覆是：假如修行沒有先證到無我的境界，所謂看外界無常，看世事一切苦，這個觀行永遠做不到清淨。那只是嘴巴上講理，沒有證到。

「**要先安住無我之想，從此無間，方得無願**」。要做到無我，修持到了無我，不是理上到，是證到無我。必須先使身心安住在這個境界上，沒有間斷，行住坐臥，隨時隨地無我相，才能達到無願。

「是故經言，諸無常想，依無我想而得安住，乃至廣說。彼於無常觀無我已，不生希願，唯願無相，專求出離，故此無間，宣說無相」。

所以佛經上說，一切無常想，是由無我來的，先證到無我，自然一切無常觀行就做到了。那麼在這個境界上就可以「**安住**」，定下來。再詳細的說，觀一切行無常，因為無我，故看一切行無常，所以對世間一切無希求。無希求不是灰心，而是利益他人，幫助他人，認為這是應該的，沒有什麼希求，不求回報，也沒有覺得自己了不起。故一切無相、無願而作，只專求出離三界。無間是永不間斷，這是無相的重要。

「復次，云何有尋有伺三摩地。謂三摩地尋伺相應」。

再其次，「**有尋有伺**」舊譯為有覺有觀，是起心動念還要找，是做工夫的階段。一下瞎貓碰到死老鼠，撞對了，一下又沒有了，掉了；有幾天坐起來很好，有一下坐起來又不對了，又要去找回來，這是有尋有伺地。

「云何無尋唯伺三摩地。謂三摩地唯伺相應，大梵修已，為大梵

王」。

「**無尋唯伺**」就是不需要尋找了，永遠停留在這個清淨境界裡。雖然有清淨境界，並沒有證得菩提，但也了不起，因為已經超過欲界了，這是色界天大梵天的大梵行，不要輕視它，世間富貴榮華何足道呀！可是要念念隨時在清淨中才行，修大梵行就是要做到無尋唯伺。

「**云何無尋無伺三摩地。謂三摩地尋伺二種俱不相應**」。

隨時在定境界裡，不需要尋伺了，不需要去找這個境界，也不是停留在這個境界，這就是無尋無伺地。

「**修習此故，生次上地，乃至有頂，唯除無漏諸三摩地**」。

修行再進一步，超過了大梵天的境界，到了有頂天，有頂天即大自在天。升到色界有頂天，是修持的功德到了，但是要證得無漏果還談不上，還有問題。

「**云何無尋無伺三摩地相。謂於尋伺，心生棄捨，唯由一味，於內所緣而作勝解，又唯一味平等顯現**」。

到了「**無尋無伺**」，快等於菩薩的無功用地了，到了這個境界，可以不要用力了，自然都在定境界裡。譬如禪宗神秀的偈子，「身是菩提樹，心如明鏡台，時時勤拂拭，勿使惹塵埃」，這是有尋有伺，非要做工夫去清潔它不可；到六祖說的「菩提本無樹，明鏡亦非台，本來無一物，何處惹塵埃」時，就到了無尋無伺的境界了，也就是一味瑜伽，一味平等。「**於內所緣而作勝解**」，在這個境界上，你內在智慧開發了，因為一味境界，「**平等顯現**」，隨時隨地呈現，修證的工夫至此才算到達了。

下面至卷十二完（二百八十四頁），自己看，自己研究，作為考試，你來講我來聽。如果幫你們讀書，講給你們聽，反而使你們有依賴性，沒有用的呀！所以一定要策勵自己，非要自己啃進去不可。而且是你們自己研究懂得的，比聽我講而懂的，更是受用千萬倍。聽我講的，下課就沒有事了，理論好像懂了，事情做不到，只會批評別人。如果你一邊看，一邊看進去了，那才是受用無窮。

你們這一生修持要用的，在本論上太多了，叫作美不勝收。我如果一點一點的講下去，我變成了千張嘴巴，千手千眼，然後你生了一千張耳朵來聽才行。我縱然有一千張嘴巴，你只有兩個耳朵就不能接受，所以還不如靠自己的心意識來努力才好。

前面沒有講的，要自己好好的努力，說文字看不懂，我也曉得你文字看不懂，買兩部字典來查，《國語字典》上每個字都解說得出來，走笨路子嘛！把《辭海》買來，硬讀，一條一條讀嘛！也有人的學問就在《辭海》上求來的。我有一個朋友就是讀《辭海》而得學問的，後來做祕書長，地位也很高。你們也可以這樣做呀，不能這樣做就是懶，就是不策勵嘛！理想都很高，然後眼高手低，這是現代教育的結果，真是可憐又可嘆，自己去努力研究吧！

比丘聲聞道必修課

現在看二百八十五頁，卷十三，〈本地分中三摩呬多地第六之三〉，就是修三昧止觀的境界。這是出家比丘，修聲聞道果一定要修的。

「**復次如世尊言，汝等苾芻，當樂空閑，勤修觀行，內心安住正奢摩他者**」。

佛吩咐我們同學們和出家的比丘，應該樂於在空閒清淨的地方，努力的修觀。怎麼修呢？「**內心安住正奢摩他**」，就是修正的止觀，正的定境界。修定是共法，外道、邪魔、凡夫都有定的境界，都有他的定力。但是所謂修出離道，尤其比丘們修出離道的正奢摩他之路，是真正佛法的修定，與一般的不同。

「**謂能遠離臥具貪著，或處空閑，或坐樹下，繫念現前，乃至廣說，名樂空閑，當知此言顯身遠離**」。

出家人要能遠離臥具貪求，什麼是遠離生活用具貪求？頭陀行不倒褡，只坐不臥，就是遠離臥具的貪著。因為人躺下來睡覺很舒服啊，舒服者放逸也，偷懶也，所以「**遠離臥具貪著**」是很難的。「**空閑**」並不是說時間空，而是說環境，指沒有人的地方。很多人到了沒有人的地方，冷廟孤僧，他自己眼淚就掉下來，到了晚上嚇得毛孔裡鑽出一個悚然來，還說什麼空念、無相，那風吹草動，統統都是相。像那些無人居住的老房子，到了秋天晚上，一個人坐在那裡，聽見東砰一下，西砰一下，把你嚇死了。獨處空閒無恐怖，已經很難；半夜你獨坐樹下，坐到天明，你就要吃藥了，所以坐樹下，沒有那麼容易的。頭陀行的出家人，一個斗篷戴在頭上，有雨傘那麼大，一個棕櫚的蒲團背在身上，是防止下面的水和濕氣的，下雨時就那麼坐著。

《指月錄》中記載有位禪師，冬天到寺廟裡掛褡，太晚了，寺廟的三門已經關閉，他只好坐在大門口。夜裡下雪，北方冬天，三門都會被雪封住的。第二天勉強打開了，雪地中一位和尚坐在那裡入定，四周的雪堆那麼高，他人坐的範圍，雪凍不起來。這是什麼功夫？四加行的煖啊！得煖，雪凍不了。頭陀行就是坐樹下，心繫一念，心一境性。所謂「**樂空閑**」，不是像你們說的上課少一點，空閒就多了，那是偷懶。空閒是指空曠的地方。即此心念，把身心離開這塵濁的世間。

「**若能於內九種住心，如是名為內心安住正奢摩他**」。

心內有九種住心，是內心的工夫，要把這個心，安住在正修止上。在家居士要學佛學的正修行路，就是這一段，這叫作修行。你以為三根香蕉拜拜，那裡出一點功德金，這裡送本經書，就算修行嗎？那只是種種善根而已。正修行路，正奢摩他，是修止修觀。

「**當知此言顯心遠離，若樂處空閑，便能引發內心安住正奢摩他**」。所謂九種住心，是講「**心遠離**」，明白告訴你心要離開塵俗世間。坦白的說，大家學佛是世間一切都要，道也要，對不對？（同學答：對。）你們的回答是誠語者、實語者、不妄語者。一般人學佛，尤其居士們學佛，哪一樣不要？功名富貴也要，然後聽到財神法、雙修法，更求之不得，那多好。看貪心多大！不過，「世間安得雙全法，不負如來不負卿」。

所以要注意，正修行路線就是心能真遠離，身遠離是沒有用的，身出家，住在寺廟後山茅蓬，你這正是大貪、大毛病，因為你對這個世間有執著，心不平，只是自命清高而已，此心沒有真遠離。「**顯心遠離**」，注意！這是說要把心量放得大大的。再說，愛住茅蓬不是「**樂處空閑**」，那是偷懶。「**樂處空閑**」是頭陀行，至孤峰絕頂，像釋迦牟尼佛出家後一樣，一個人跑到雪山修定，那不但是人不到的地方，連鬼也不到。所以你到這種地方試個一年兩年以後再說吧！一個真正的修行人，要「**樂處空閑**」，要「**顯心遠離**」，才能「**引發內心安住正奢摩他**」，出家比丘要注意「**正奢摩他**」。

「**若內心安住正奢摩他，便能引發毗鉢舍那，若於毗鉢舍那善修習已，即能引發於諸法中如實覺了**」。

得了真正的止才能起真正的觀；真正的正止和正觀做到了，在一切萬法，佛法中，「**如實覺了**」，真正的開悟了。要注意「**如實**」，是切切實實做到了，悟了。這是綱要，所以特別提出來講，尤其出家同學要注意。

「**復次如世尊言，汝等苾芻，於三摩地，當勤修習無量、常委、安住正念者，謂先總標，於三摩地勤修習已，後以三事別顯修相**」。

現在這裡所講的，都是引用佛說的，是更加慎重的告訴你。譬如佛說：你們一切出家的比丘，對於三摩地，正止正定的境界，要勤加修習，這是第一個綱要。在真正修到正止正定，止觀的正定境界以後，又告訴我們修行之路，有三個範圍。

「無量者，謂四無量。常委者，謂常有所作及委悉所作，故名常委」。

所以你看到儒家孟子說修養的道理，心中「必有事焉」，就是總有那麼一件事，一念不在，此心就是散亂。孟子說的這句話，就是「常委」，也就是自己內心曉得現在在做什麼。自己現在是出家在修道，不要忘記了自己的正念。

「安住正念者，顯於四念住，安住其心」。

安住正念就是四念住，而安住其心。這都是大綱，出家比丘什麼叫修行？隨時隨地內心有這三種修相，「無量、常委、安住正念」。

「何故說此三種修相。謂依二種圓滿故，一者世間圓滿，二者出世圓滿。修無量故，便能引發世間圓滿。修正念故，便能引發出世圓滿。常委修故，於此二種速得通達，由此因緣處二中說，是故但說三種修相」。

這還是綱要，下面一點一點又都告訴我們，所以你們拿到一部《瑜伽師地論》，一輩子修持夠了，講佛學，這是佛學真正的大綱；講修持境界，顯密圓通都有。

「**又無量者，顯奢摩他道。住正念者，顯毗鉢舍那道。常委者，顯此二種速趣證道**」。

無量是顯示止的方法有很多；觀是顯示住於正念；止觀常常在心中就是「**常委**」，必有事焉去修，很快可以證道。

「**又無量者，顯趣福德行。住正念者，顯趣涅槃行**」。

無量也是達到福德的成就，世間的功德圓滿；住正念，最後是證得涅槃，得道。

「**常委者，顯趣二種速圓滿行。先於奢摩他善修習已，後與毗鉢舍那方得俱行**」。

必須先修到止、定的境界，然後再修觀，才能夠得止觀俱行。

「**修此二種三摩地故，如實覺了所知境界**」。

修世間及出世間兩種定，才能真實了解所知的境界。

下面一路都是關於修定方面的，為什麼跟你們講這方面的呢？尤其我們講到的，都是重點，是希望大家偏重修持的，能夠走上正路，尤其有關比丘修持之路，希望給你們講清楚，供你們修持之用。

瑜伽師地論　聲聞地講錄上冊

建議售價・750 元（上下冊合售）

講　　述・南懷瑾
出版發行・南懷瑾文化事業有限公司
網址：www.nhjce.com
代理經銷・白象文化事業有限公司
412台中市大里區科技路1號8樓之2（台中軟體園區）
出版專線：（04）2496-5995　傳真：（04）2496-9901
401台中市東區和平街228巷44號（經銷部）
購書專線：（04）2220-8589　傳真：（04）2220-8505
印　　刷・基盛印刷工場
版　　次・2017年2月初版一刷
2020年11月二版一刷
2022年8月二版二刷

設計編印　白象文化
www.ElephantWhite.com.tw
press.store@msa.hinet.net
總監：張輝潭　專案主編：林金郎

國家圖書館出版品預行編目資料

瑜伽師地論 聲聞地講錄／南懷瑾講述. --初版.—
臺北市：南懷瑾文化，2017.02
面：　公分.
ISBN 978-986-93144-3-5（上冊：平裝）
ISBN 978-986-93144-4-2（下冊：平裝）
1. 瑜伽部
222.13　105011441